Fritz Graßhoff

Flaschenpost mit Weltgeist

196 Gedichte in 13 Kapiteln

Ausgewählt, herausgegeben
und mit einem Nachwort
von Joachim Kersten

Dank

an Roger Graßhoff,
der die Rechte gab;

an Oskar Ansull, Ralf Busch
und Benedikt Erenz für ihre Hilfe;

an Nikolaus Hansen
für seine Ermunterung und Geduld.

Originalausgabe
1. Auflage 2013
© by Arche Literatur Verlag AG, Zürich–Hamburg, 2013
© der Gedichte/Zeichnung by Roger Graßhoff
Mit freundlicher Genehmigung von Joachim Kersten

Umschlag: www.b3k-design.de, Andrea Schneider und Max Bartholl
Satz: Pinkuin Satz und Datentechnik, Berlin
Druck: CPI – Clausen & Bosse, Leck
Printed in Germany
ISBN 978-3-7160-2695-3

Gedichte

I. Barackenverse 1945/46

Lob der Stille

Leise, leise,
Lob dem Leisen!
Alles Laute will beweisen.
Alles Leise will versöhnen
mit dem Guten und dem Schönen.
Ruhe, Ruhe,
Lob der Ruhe!
Alle Unrast leert die Truhe,
leert die Kammer deiner Seele.
Ruhe, Ruhe dir befehle.
Stille, Stille,
Lob der Stille!
In der Wüste wächst der Wille,
wächst dem Lächelnden die Stärke
und die Gnade hoher Werke.

Da hat sich mancher schon geirrt

Da hat sich mancher schon geirrt.
Es wird sich auf der Welt nichts wandeln.
Die Händler werden weiter handeln.
Die Armen werden weiter hungern
und um der Reichen Töpfe lungern.
Die Mächtigen den Schwachen pressen,
und wer nicht frißt, der wird gefressen.
So ist es, und so wird es bleiben,
und wenn sie dicke Bücher schreiben.

Was ich getan, verlor den Sinn

Was ich getan, verlor den Sinn.
Weiß nicht, warum ich fröhlich bin.

Was ich geliebt, deckt schon der Schnee.
Weiß nicht, warum ich weiter geh.

Gezählt ist schon der Stunden Schlag.
Weiß nicht, warum ich leben mag.

Ein Vogel singt im Weidenbaum

Ein Vogel singt im Weidenbaum.
Ich lebe noch und weiß es kaum.

Ich lebe noch. Die Sonne scheint.
Gott hat es gut mit mir gemeint.

Ein Vogel singt. Gott lächelt still.
Ich weiß nur, daß ich leben will.

Mein Herze hör ich pochen

Mein Herze hör ich pochen,
was längst die Ammer schlug.
Den Frühling zu begreifen,
bin ich erst alt genug.

Der wird mir immer lieber
mit jedem neuen Jahr.
Die Blumen blühen schöner,
doch grau wird schon mein Haar.

Gelassen wehn die Winde.
Wie leuchtet mir der Wald!
Zu schauen und zu lieben,
bin nimmer ich zu alt.

In einer hohlen Rübe

In einer hohlen Rübe will ich wohnen
bei Wurm und Engerling im Wurzelhaus.
Mich ekelt diese Welt. In allen Zonen
mag nicht der Mensch den Menschenbruder
    schonen,
er schlägt ihn tot und nimmt den Leichnam aus.

Die Wurzel wär' ein friedliches Gemäuer,
das seinem Häusling Bett und Brot verspricht.
Karrt auch der Herbst die Rüben in die Scheuer,
erfüllte sich mein Sinn im Wiederkäuer –
es trüg' der Tod ein mildes Tiergesicht.

Der Mensch jagt Menschenwild und lässt es fronen.
Der Sklavenhändler stellt die Ware aus,
und man verhökert Menschen wie Melonen.
In einer hohlen Rübe will ich wohnen
bei Wurm und Engerling im Wurzelhaus.

Der Mäuserich

Ich sitze still, ein Mäuserich,
vor meinem Loch und sonne mich.
Mich hungert sehr, doch sag ich mir:
es hungert heute jedes Tier.
So will ich denn bescheiden ganz
erfreuen mich am Sonnenglanz,
entwinden mich dem armen Bauch;
ich will es und ich kann es auch.
Die Sonne, schau, so sag ich mir,
die Sonne ist das Schönste hier.
Ich seh sie an: Die Sonne sticht.
Der Nachbar kommt mir zu Gesicht,
hat Schrot im Topf, was keiner hat,
und schlingt und stopft und frißt sich satt.
Ich war so still. Fast war ich gut.
Nun schäumt in mir die helle Wut.
Zufrieden erst mit Halm und Spelt,
zieh fluchend ich durchs Stoppelfeld.

Lacht auch mein Mund zuweilen

Lacht auch mein Mund zuweilen
noch wie vor Tag und Jahr,
ich bin ein andrer worden,
als der ich einmal war.

Ich bin nicht mehr der gleiche,
der ich gewesen bin,
pocht auch das Herz im Leibe
noch wie seit Anbeginn.

Es zog vom andern Ufer
ein Dunkles bei mir ein.
Und dunkel wohl und tiefer
wird meine Liebe sein.

Für mich und Hillebill

O, Brüder ihr,
in Fell und Federkleid,
mein Nachbar Mensch
ist ohne Menschlichkeit.

Ich wollte fast,
ich wär euch wieder gleich
wie ehedem
im wilden Tierbereich.

Dem Feuer fern,
der Schrift, dem Glück, dem Wahn,
den Gräsern nah
und nah der Sonnenbahn.

Ein Wurzelnest
wär alles, was ich will,
im Erdenschoß
für mich und Hillebill.

Barackenmeditation 1946

Wenn niemand etwas von dir will,
am Sonntag in der Regel,
begib dich in den hohen Dill
und schneide dir die Nägel.

Der Himmel hat die Laus erdacht,
so jage sie geduldig.
Wenn sie sich bei dir mausig macht,
das spricht dich noch nicht schuldig.

An Nadel fehlt es dir und Zwirn,
das Hemde ist zu teeren.
Du müßtest einer guten Dirn
den Siegellack bescheren!

Erinnerst du dich an die P.?
Das steht in keiner Fibel!
Der nasse Kuß der Küchenfee
schmeckt immer noch nach Zwiebel.

Gedanken, die sind steuerfrei.
Drum wünsch dir eine Tante
mit Bratkartoffeln, Spiegelei
und Piepen auf der Kante.

Sie macht dir einen neuen Frack
aus ihrem Lodenkittel.
Du wirkst in deinem Kohlensack
schon wie ein Abführmittel.

Memento II

Abschied nimm von deinen Blumen
fliegen laß die Taube
denn ein Schatten fiel auf uns
seit der Herr die Rüstung trägt
und die Waffen zählt

Erinnerst du dich noch
als wir beide
du und ich
Füchse waren?

Auf der Brücke

Auf der Brücke stehn
und ins Wasser sehn,
und der Fluß fließt lautlos seine Bahn.
Lautlos umgekehrt
deine Brücke fährt
auf dem Wasser wie ein Kahn.

Heimlich losgetäut
gleiten Dorf und Leut,
Baum und Kirchenturm, Ufersaum und Steg.
Was gebunden war,
macht sich wunderbar
mit dem Träumer auf den Weg.

Mond und Stern am End
und das Firmament,
alles wandert. Nur der Fluß erstarrt.
Stille steht die Zeit,
und die Ewigkeit
mündet in die Gegenwart.

Neues Drehorgellied

Der Mond geht auf,
nun eilt zuhauf,
schaut an das alte Wunder!
Und hat er seine Pflicht getan,
dann geht er wieder unter.

Verrauscht der Tanz,
der Talmiglanz
der Schärpe war beschlagen.
Auf dem Altar des Vaterlands
lag nur ein leerer Magen.

Die Not war groß,
der Hintern bloß,
der Wind blies täglich trüber.
Da kam der liebe Mond herauf,
und alles war vorüber.

Schaut an die Pracht
der deutschen Nacht:
es rauchen alle Essen.
Auf dem Altar liegt mild bewacht
der Blankoscheck für's Fressen.

Wie schön gebläht
der Mond dort steht,
die Schärpe frisch gewaschen.
Und wird sie euch zum Strick gedreht,
dann jammert nicht, ihr Flaschen!

II. Kriegs-Erinnerungen

Poltawa 1942

Immer leiser
weint der kleine Karrenesel.
Aber das Heu ist alle.
Die Wiesen sind umgepflügt,
und Futter zu suchen
ist es zu spät.

Wir wollen schlafen gehn.
In die Decken gewebt
sind die Male
der Verderber.

Die Sonnenrosen
leuchten noch vor der Nacht.
Im Flug zerfallen
die Wege der Vögel.

Gustav – Gedenkstunde
Heiligenhafen 1945
Baracke VII

Neben mir im Schützenloche
lag der Gustav aus Scharbeutz.
Und schon knapp nach einer Woche
lag er unter einem Kreuz.

Jeder trat ihm auf die Quanten –
was er kaum zur Kenntnis nahm.
Gustav, den wir Motte nannten,
sah es kommen, wie es kam.

Distelblaue Dämmerstunde,
ruf den Gustav zum Appell!
nach der letzten wüsten Runde
auf dem Todeskarussell.

Kam er durch die Fensterritze
oder durch die offne Tür?
Stieg er aus der Kaffeemütze?
Unversehens ist er hier.

Graues Wesen, kleine Motte,
die um meine Lampe kreist,
bist du aus der dunklen Grotte
bis zu meinem Tisch gereist?

Wie sind Bilder und Gestalten
dieser Welt doch wandelbar!
Gustav, laß dich hierbehalten,
nimm mein letztes Sockenpaar!

Ja, ich lebe noch und esse,
schreibe manchmal ein Gedicht,
und ich brauch Papier und Pässe,
und du brauchst das alles nicht.

Bist du gern dahin gegangen,
wo kein Schilderhäuschen steht?
wo wir ganz von vorn anfangen,
Jude, Christ und Bierprophet.

Wird die Wahrheit dort verwaltet?
Kennt auch dich der Heilige Geist?
Ist der Himmel so gestaltet,
wie es in der Bibel heißt?

Hört man dort die Engel beten?
Oder ist dort alles still?
Reiche, sind die auch vertreten?
Ist Herr Zebaoth für Drill?

Ist das Jungsein dort gefährlich?
Oder wird nicht rekrutiert?
Wieviel Engel werden jährlich
eingelocht und liquidiert?

Unser Fortschritt schreitet rüstig
bis zum letzten Elektron.
Ob die Menschheit – gerne wüßt' ich …
Ach! jetzt fliegt er mir davon.

Aktennotiz

Herrgott!
Er war zurückgeblieben
vor der Hölle aus Eis und Klebstoff.
Gehörnte Befehle
kamen geritten auf Armeepistolen.
Vorwärts!

Dies ist die Hölle:
jung zu sein
voll Honig die Ärmelränder
Ungeziefer
und sich nicht kratzen können
weil die Hände erfroren sind.

Die Zeugen
sind desertiert in das Erbarmen
der Stalinorgel.

Hakenkreuz und Sülze
oder
Die Ballade von Herrn Busse, dem mörderischen
Zeilenschinder

Mein alter Freund, Herr Busse,
ist lange tot.
Sie holten ihn zum Schlusse
für das letzte Aufgebot.

Er war kein großer Brummer,
sonst lebte er noch mit Fug.
Seine Parteibuchnummer
war wohl nicht klein genug.

Doch fand in des Blattes Spalten
er immer den rechten Ton
und konnte sich lange halten
auf dem Stuhl der Redaktion.

Mein alter Freund, Herr Busse,
schrieb Zeilen wie Granit.
Er sagte: Herr Schmidt, der Russe,
der kriegt noch seinen Tritt.

Im Treten war er zwar fleißig,
nur ohne Strategie,
und mit Schuhgröße achtunddreißig
bleibt so etwas Utopie.

Doch hatte mein Freund Busse
im Grunde nur Sülze im Sinn.
Er sagte: Wackeln musse,
Herr Schmidt, sonst haut das nicht hin.

Da wurde nicht lange gefackelt
bei den Damen vom Büro –:
hat eine nicht mitgewackelt,
trat Busse sie in den Popo.

Wenn eine sich ihm versagte,
dann wurde sie nicht alt.
Er steckte sie, wenn sie es wagte,
in die Munitionsanstalt.

Kam Busse nicht zum Schusse
beim Sülze-Redigiern,
ließ auch den Russen Herr Busse
es im Leitartikel spürn.

So rächte mit dröhnendem Psalter
er das gekränkte Horn.
Die Tinte troff ihm vom Halter
hinten und vorn.

Als Heldenklau ihn fischte,
wurde die Tinte dick.
Der Brocken, der ihn erwischte,
war kein Aspik.

Mein alter Freund, Herr Busse,
war ein ausgemachtes Schwein.
Sitz ich im Omnibusse
und wackelt bis zum Verdrusse
die Sülze – gedenke ich sein.

Grau (monochrom)
Beschreibung einer alten
Photographie

Mein toter Vater steht im grauen Feld
so jung wie grau
in einer eisengrauen Bahnhofslaube
                    vorm Verladenwerden
in einem grauen Haufen grau in Reih
                            und Grau
steht tot
mein Vater

Im grauen Feld mein junger Vater dient
mit vielen Männern grau in grau
mit einem Haufen grauer Toter dient
mein Vater grau
dem Grauen

In einer eisengrauen Bahnhofslaube
                    lächelnd lehnt
in einer längst verfaulten grauen Uniform
mein junger Vater längst verfault
kanongrau
im grauen Feld

Aus einer Feldpostkarte lächelnd starrt
so jung wie grau
mein starrer Vater vorm Verladenwerden
steht so verlegen grau in Reih und Tod
starrt so soldaten wie verloren
mein toter Vater
so bitte recht grau

Joguleit

Als Joguleit nach Hause kam,
sechs Jahre war er fort.
Als Joguleit nach Hause kam,
und er sie in die Arme nahm,
die Liebe war verdorrt.

Er kam an einem Regentag,
es roch nach Tang und Teer.
Er kam an einem Regentag,
es traf ihn wie ein Donnerschlag –
sie kannte ihn nicht mehr.

Die Kneipe hieß »Zum Prinzgemahl«,
ihr Vater wollte das.
Die Kneipe hieß »Zum Prinzgemahl«,
sie nahm die Flasche vom Regal
und füllte ihm das Glas.

Er war in einer fremden Stadt
bei einer fremden Frau.
Er war in einer fremden Stadt,
im Nebel lag das Kattegatt.
Auch sonst war alles grau.

Er sah die Brigg aus Kitt und Lack –
es riß ihn plötzlich hin.
Er sah die Brigg aus Kitt und Lack
und klopfte dran zum Schabernack.
Der Wurm saß schon darin.

Er tippte an den Igelfisch.
Ein Schatten schwamm im Kreis.
Er tippte an den Igelfisch,
die Flasche fegte er vom Tisch
und fragte nach dem Preis.

Als Joguleit nach Hause kam,
sechs Jahre war er fort.
Als Joguleit nach Hause kam,
und er sie in die Arme nahm,
die Liebe war verdorrt.

Sie schloß sich in ihr Schlafgemach.
Er ging aus dem Lokal.
Sie schloß sich in ihr Schlafgemach
und blickte ihm vom Fenster nach.
Da winkte er nochmal.

Schütze Arsch
oder
Die Sinneswandlung

Einst trug ich einen harten Hut
und Botten, groß wie Zuber.
Sie fickten mich um in dem Institut
und nannten mich Pimpelhuber.

Ich putzte ihnen die Hintertür –
nicht bloß die Knobelbecher.
Sie gaben mir einen Tritt dafür,
die Schlöcher.

Doch als dann die Bewährung kam
und die Kohlenkästen flogen,
da bog ich aus am Chemin des Dames –
Eisen macht keinen Bogen.

Reiß einer mal die Schnauze auf,
ist sie erst vollgelaufen!
Einen neuen Lebenslauf
kannst du dir nicht kaufen.

Die grünen Fladen auf der Marsch
machen dem Vieh keine Schande.
Und wer kein Kreuz hat, trägt den Arsch
notgedrungen am Bande.

Nachtrag

Mein Hut hat heute einen Kniff.
Ich führ eine Töle am Faden.
Doch meine auch ich, ne Handvoll Schliff
kann den Himbeer-Heinis nicht schaden.

Eh so ein Löffel uns bemiecht,
da soll er erstmal traben,
bis er den Rand *der* Gegend riecht,
wo wir hingeschissen haben.

Deutsches Rübenackerlied
Responsorium für Vorgesetzte und Gemeine

Was kochen denn wieder die Bonzen?
es riecht nach Branz im Dorf!
Verbraten sie alte Schnonzen
zu Syrup und Heldenschorf?

Wohlan, ich verdiente geschlagen,
zög ich als Zinnsoldat
den eigenen Leichenwagen
für den oder jenen Staat!

Du mußt dich entscheiden –:
Stock oder Krücke!
Du hast nur zu wählen
Beil oder Axt!
Du hast zu stimmen
für eine Clique!
Du hast zu zahlen,
solange du kackst!

Und gingen sie beide krachen –
wohlan, was ist dabei?
Nur zehn Minuten Lachen
ersetzen schon ein Ei!

Sein Rabenaasland zu lieben,
war Tucho noch hinterher.
Ich sehe zwei Äcker mit Rüben
und mag ihren Saft nicht mehr.

Du hast zu verehren
Orden und Sterne
und wiederzukäuen
politisches Stroh!
Du bist geboren
für die Kaserne,
und du mußt sterben –
das sowieso.

Ganz altes Soldatenlied

Auf einem Berg voll Reben,
da weht ein weißes Hemd.
Ein' Daumensprung daneben
sich eine Dame kämmt.
Ein Heller und ein Batzen,
die stehen da auf Wacht.
Sie sehen sie sich kratzen
in ihrer ganzen Pracht.

Der Heller möchte schießen,
der Batzen möchte auch –
doch ohne Blutvergießen
und ohne Pulverrauch.
Der Heller zieht vom Leder,
der Batzen ruft sie an:
Hallo! Ent- oder weder!
Ich bin ein Reitersmann.

Horch, Kamrad, sie trompeten!
Uns ruft der General.
Sie nehmen die Musketen
und winken noch einmal.

Vier Stiefel und zwei Glatzen,
die lieg'n im Jagen drei.
Der Heller mußte platzen,
der Batzen sprang entzwei.

Auf einem Berg voll Stumpen,
da wächst der grüne Schwamm.
Und zwischen alten Lumpen

liegt auch ein alter Kamm.
Die Kusseln und die Eichen,
die stehen auf der Wies.
Und alle toten Leichen,
die friern nicht an die Fieß.

Der General alleine
bestand den harten Strauß.
Nun bild't er Skatvereine
zu Grabenratten aus.
Er lädt sich auf mit Rotwein
und seinem Clausefitz,
und daß so viele tot sein,
das ischa grad der Witz!

Neues Soldatenlied

Ich kam zu den Soldaten,
und was ich erblickte, war mein.
Den Globus wollten wir braten,
doch war die Pfanne zu klein.

Wir ritten auf Haubitzen
von Saint Marmelotte nach Brest
und schossen mit unseren Spritzen
die feindlichen Hühner vom Nest.

Wir lagen vor Grutschenka,
die Lage war horizontal.
Mein Feldwebel lag bei Panjenka,
bei Matka mein Korporal.

Wir standen hinterm Dnjepr,
da fror es uns an den Zehn.
Wir schlachteten unsere Klepper
und ließen die Spritzen stehn.

Wir kamen nach Gumbinnen,
mein Zahlmeister war schon weg,
nach rückwärts Land zu gewinnen
mit Kasse und Eßbesteck.

Wir lagen an der Pleiße,
da sagte mein General:
Für diesmal war es Scheiße –
entlassen bis nächstes Mal.

Graue Ballade
oder
Vom Raffen

Immer ist die Sonne schwarz
rot das Gras
und die Schonung
durch die wir kriechen müssen
aus Papier und Eisen

Meistens kriegst du in Gefangenschaft
erstmals eine Woche oder länger
nichts zu fressen
Darum habe ich den Rucksack voll Kartoffeln
Schmalzfleisch Brot und Zwieback
hab mich eingedeckt mit Kaffeebohnen
Zigaretten heilen Strümpfen
einer Waschmaschine
und nicht schlecht daran zu schleppen

Nachts erreichen wir das Lager
einen umgepflügten Acker
mit 'ner Bude für die Wachsoldaten
alles strahlend hell erleuchtet
Und da werden wir gefilzt
aufgeratscht begriffelt umgekrempelt
und durchstöbert
Nichts wird mir gelassen
als mein Schnupfen
und 'ne leere
Konservenbüchse

Liegt schon weit zurück der ganze Jammer
doch ich werde diesen Traum nicht los
Mag am Tage man zusammenscharren
soviel man will
nachts wird einem alles wieder abgenommen

III. Unterwegs

Lustiges Scherenschleiferlied

Sommers durch die Dörfer streifen,
wenn die roten Beeren reifen,
und den Leuten Scheren schleifen,
Messer, Scheren, Klingen.
Sommers durch die Dörfer streifen,
Mädchen in die Röcke greifen,
küssen, in den Pöter kneifen,
lachen, lieben, singen.

Und das Rädchen schnurren lassen,
surren lassen, burren lassen,
nie den Magen knurren lassen,
frech das Glück beim Schopfe fassen
auf der großen Tippelreise.
Das ist Scherenschleiferweise.

Winters in Tavernen glucken,
rauchen, an den Ofen spucken,
andern in die Karten gucken,
lärmen und krakeelen.
Winters in Tavernen glucken,
viele kleine Schnäpse schlucken,
spät sich erst ins Bett verdrucken,
schnorren, betteln, stehlen.

Und das Rädchen schnurren lassen,
surren lassen, burren lassen,
nie den Magen knurren lassen,
frech das Glück beim Schopfe fassen
auf der großen Tippelreise.
Das ist Scherenschleiferweise.

Sommerspiel im hohen Gras

Es hatten zwei einander lieb,
die just der Wind zusammentrieb
auf seinen Wanderzügen.
Da fanden beide noch und noch
am Spiel der Maus vor ihrem Loch
im hohen Gras Vergnügen.

Der Wind, der alte Kuppler, schlich
ganz leise durch den Wegerich
und trieb die kleine Mühle.
Doch als er wüst im Ginster pfiff
und sich an ihrem Nest vergriff,
da krachte das Gestühle.

Das Sommerglück im Gras zerstob.
Sie gingen, wie der Wind sie schob.
Weiß keines mehr vom andern.
Vielleicht, daß, wenn der Schnee vom Nest
nur ein paar Halme sehen läßt,
sie dort vorüberwandern.

Unterwegs

Ich putze jede Klinke,
ich schlüpf in jedes Haus.
Lädt man mich hier zu Tische,
wirft man mich dort hinaus.

Die Liebe wohnt im Magen,
die Köchin unterm Dach.
Die Hausfrau ist vergeben,
ich küß die Köchin wach.

Der Löffel in der Tasche
erspart den eignen Topf.
Es gibt zwei Sorten Sterze:
die mit und ohne Knopf.

Fragt nicht erst nach dem Gaule,
wenn man euch Äpfel schenkt.
Krümmt alle euch beizeiten,
eh ihr am Haken hängt.

Hillebille Wiedewitt

Hillebille Wiedewitt,
Schneiderin papierner Herzen,
fröhlich lebten wir zu dritt,
ich und du und deine Schere.
Draußen schrie der Wind vom Meere:
Wiedewitt.

Hillebille Wiedewitt,
Wiedewitt, zur Geisterstunde
schnitt die Mondnacht im Zenith
ihre schönste Silhouette.
Und ihr schnittet um die Wette,
Wiedewitt.

Hillebille Wiedewitt,
Wiedewitt, die Lampe zischte,
und es gluckste das Karbid.
Deine kleine Schere piepte.
Und ich küßte und ich liebte
Wiedewitt.

Hillebille Wiedewitt,
Wiedewitt, ich bin ein Stromer
und der nimmt kein Mädchen mit.
Nur ein Herz vielleicht wie deines
aus Papier, ein leichtes, kleines,
Wiedewitt.

Hillebille Wiedewitt,
Wiedewitt, die Vagabunden
halten mit der Sonne Schritt.
Wenn sie gehen, laß sie treiben.
Aber weinen laß hübsch bleiben,
Wiedewitt.

Mochelner Schnapselegie

Seitab von Straßen und Schienen,
wie ein goldenes Ei,
lag Mocheln in den Lupinen,
ein Mekka der Schwarzbrennerei.

Da stob vom fünften zum sechsten
Dezember Sankt Nikolaus
in Gestalt von achtzehn verhexten
Polizisten den Mochlern ins Haus.

Sie fanden sie blau in den Betten
und faul auf dem Ohr.
Und war keine Seele zu retten,
und Mocheln verlor.

Und wurde fortan zur Legende
die nächtliche Destillation,
der Choral der Schnapskurrende
und die Kartoffelprozession.

Von Trebern frei, jetzt der Dünger
dort wieder riecht wie Mist.
Nur ein Spritgeruch, ein geringer,
in den Kellern noch spürbar ist.

Seitab von Schienen und Straßen,
wie ein schimmliger Kloß,
liegt das Nest, verfemtermaßen,
und nichts ist in Mocheln mehr los.

Das Verhältnis der Bäckerin
oder Vom Grundriß der Brötchen

Am Sonnabendabend ist Baden
beim Bäcker in Hettendorf.
Dampft der Badezuber im Backhaus,
kommt Sappke mit seinem Torf.

Der Bäcker kann flehn und fluchen,
Sappke erklärt hinterher,
er könne bloß Sonnabendabend,
sonst käme er eben nicht mehr.

Unter dem Backstubenfenster
hält er mit dem Gespann,
dann klettert er auf die Ladung
und fängt zu schaufeln an.

Drin werden die Kinder gerumpelt.
Bald steigt die Bäckerin ein,
und wenn die Bäckerin badet,
läßt Sappke das Schaufeln sein.

Verschwindet die Frau in der Stube,
und zieht sich der Bäcker aus,
bringt Sappke ihr schnell die Rechnung
und bleibt eine Weile im Haus.

Verlangt der Meister sein Nachthemd,
weiß Sappke, der sich verdrückt,
warum dem Bäcker der Grundriß
der Brötchen immer so glückt.

Das Lorbeerblatt

Zwischen Mehlsäcken schlaf ich
irgendwo in einer Mühle.
Den Müller traf ich
zwischen Spinngeweben im Gestühle.
Er hatte Zeit,
und ich erzählte ihm aus meinem Leben.
Seine Frau hat mir zu essen gegeben.
Er gab mir zu rauchen.
Er sagte sogar, einen Mann
wie mich könne er gebrauchen.
Aber mir liegt nichts dran.
Ich bin schön satt
und zufrieden.
In der Suppe fand ich ein Lorbeerblatt.
Nun denke ich an eine Stadt
im Süden.

Antrag

Komm in meine Miete,
fall mir in den Dill,
süße Stalaktite
von Tripstrill.

Laß dich von mir malen,
geliebte Bekanntschaft!
In der Horizontalen
bist du wie Landschaft.

Dein Bauch ist ein Flecken
im schönsten Kanton.
Der Markt hat drei Ecken
und eine kleine Pension.

Vom Campanile, fern –
läuten Zitronen.
Da, ums Verrecken gern,
möchte ich wohnen!

Lied vom Floh auf großer Fahrt

Im Hafen von Bordeaux,
da fand ich einen Floh,
der saß in meinem Hemde,
wollt mit mir in die Fremde,
da packte ich ihn roh.

Er hatte kein Papier,
der blinde Passagier.
Ich wollte ihn erschlagen,
er sprang mir in den Kragen
und blieb an Bord bei mir.

Im Dock von Kiautschau
nahm er sich eine Frau
und machte hundert Kinder,
der gottverlassne Sünder.
Das merkte ich genau.

In Hammerfest am Pier,
bei vierzig Reaumur,
da zog mit den Eleven
in meinen Achtersteven
das unverschämte Tier.

Vor Tschüan-tschu auf See
verfertigten die Flöh',
die Söhne und die Töchter,
das nächste der Geschlechter
in meinem Séparée.

Am Wendekreis der Laus
zog ich mein Hemde aus
und machte den Barbaren,
die meine Mieter waren,
im Suez den Garaus.

Marameh

Ich kam auf einem Elefantenpfad
an ihren tausendjährigen Asphaltteich.
Er brannte süß wie Ingwer und Muskat,
der schwarze Cocktail aus dem Palmenreich.

Die dunkle Sphinx, die auf dem Grunde wohnt,
erhob den großen Antilopenblick.
Da ging er auf, mein Suahelimond:
die schöne Marameh von Mozambique.

Sie tauchte aus der Flut und blieb bei mir.
Sie schnurrte sanft, wir krauten uns das Haar.
Mitunter aber schlug sie den Tapir
und strich davon und tanzte in der Bar.

Wenn sie es wollte, brach durch den Verhau
die wilde Affenherde in den roten Mohn,
und wenn sie wollte, lag der Dachs im Bau
und schlief so tief und schnarchte monoton.

Als sie indessen nach St. Louis schwamm,
da fiel der Mond dem Schläfer ins Genick.
Sie wurde Königin im »Paradis des dames«,
die schöne Marameh von Mozambique.

Licht und Gelichter

Wo ist hier deine Bleibe,
du ledernes Gespenst?
Die Sonne ist eine Scheibe,
die in der Gosse glänzt.

Zwischen Verrecken und Fronde –
eine einzige Angstpartie!
Bewahr dich vor dem Monde!
Er wird eine Strafkolonie.

Man springt nicht gern vom Wagen,
wenn der Zug schon fährt.
Kann sich der Metzger beklagen,
daß die Ratte bei ihm verkehrt?

Geh, stiehl dir einen Stutzen
und verschwinde im Tann.
Schließ dich in den Abruzzen
einer Räuberbande an!

Und bist du Boss geworden,
dann wirst du abgesägt.
Auch der höchste Banditenorden
beschlägt.

Die Lampe in den Bergen
leuchtet so traulich bei Nacht.
Und von den sieben Zwergen
wird einer umgebracht.

Fabel vom kleinen Mann

Eine Maus war mir zugelaufen
Sie pfiff ein Hungerlied
Den Speck verwaltete
ein Regiment bestallter Ratten

Da schnitt ich mir
ihr Futter aus den Rippen
ließ sie in meinem Vollbart schlafen
und legte meinen Finger
in die Mausefalle

Sie versaute mir den Bart
nagte mir
ihr Monogramm in die Kehle
pfiff ein Rattenlied
haute ab und kroch
dem Rattenkönig in den Arsch

IV. Gauner, Lumpen & Halunken

Ich geh zu den Halunken

Mein Gaul ist alt und trabt nicht mehr.
Ich geb ihn für drei Taler her
und ein paar alte Stiefel.
Die Taler, die versaufe ich.
Die Stiefel, die zerlaufe ich.
Vertrunken und gehunken,
ich geh zu den Halunken.

Ich lasse mich vom Winde wehn.
Mein Topf, der soll am Feuer stehn,
am Feuer der Ganoven.
Da prahle und erzähle ich,
mit den Zigeunern stehle ich
aus Scheuern und aus Mieten.
Ich geh zu den Banditen.

Ich such mir einen Unterschlupf
bei Ratte, Molch und Wiedehupf,
daß mich kein Teufel findet.
Durch dunkle Gassen strolche ich,
den Geizhals, den erdolche ich
und fülle mir mein Bündel.
Ich geh zu dem Gesindel.

Doch habe ich mein Geld im Sack,
dann pfeif ich auf das Lumpenpack
und fliege in die Fremde.
Muß über alle Berge sein,
bevor mich sperrt der Scherge ein.
Mit dem mag ich nicht balgen.
Der bringt mich an den Galgen.

Abgebrannt

Hab nix an die Füße
und nix an die Händ.
Die Bratsch ist gestohlen,
die Fiedel verbrennt.

Hab nix zu verlieren,
blitzwenig im Bauch.
Ich schlaf auf 'm Heubod'n
und kack hintern Strauch.

Ich streich durch die Gegend,
ich zupf an die Kuh.
Ich klau mir paar Möhren
und melk bissel zu.

Mei' Flöte ging flöten,
mei' Horn ist verpfänd't.
Ich pfeif auf die Zähne
und blas in die Händ.

Kattewitt

Kattewitt auf Holzpantinen
durch Baracken und Kantinen –
jeder Mensch will was verdienen.

Heimlich an den Puffern hängen,
Löcher in die Hose sengen,
sich durch alle Sperren drängen …

Kattewitt auf heißen Sohlen,
zwischen Portugal und Polen –
überall ist was zu holen.

Ab und zu wird eingebrochen.
Hat's die Polizei gerochen,
kommen sie, mich einzulochen.

Kattewitt in Blitzgamaschen –
Hände in den Hosentaschen,
ungekämmt und ungewaschen …

Alles, was ich hinterlasse,
ist ein Hohlraum in der Kasse
und ein Haufen auf der Gasse …

Lumpenbrüderschaft

Schnorrer, Penner, schräge Narrn,
Kesselflicker, Diebe
finden im Zigeunerkarrn
Nachtquartier und Liebe;

wo die Kartenhexen fett
ihre Pfeife paffen
und im schmierigen Korsett
aus dem Fenster gaffen;

wo die Messer niemals stumpf
in die Rippen fahren,
und die Mädchen unterm Strumpf
Wechselgeld verwahren.

Abends randaliert das Pack,
lange kreist die Flasche,
und es schmiegt der Bettelsack
sich zur Hurentasche.

Wenn das Feuer knisternd loht,
schrumpft die Welt zusammen.
Auch der alte Kunde Tod
hockt mit vor den Flammen.

Klagt die Geige Herzen wund,
schmelzen selbst Gendarme,
und sie fall'n dem Lumpenhund
schluchzend in die Arme.

Nettelbeck oder Die letzte Möglichkeit

Eine Bilderbogenklamotte im Tonfall der Alten

Hört mal her ihr Zeitgenossen!
Wer weiß nichts von Nettelbeck?
Seine Zelle war verschlossen
und er selber daraus weg.

Dieser Mann, in höchsten Kreisen
ein nicht unbekannter Gast,
rupfte ein paar alte Meisen
und bezog zehn Jahre Knast.

Dreimal machte er ne Fliege.
Zweimal hatte er kein Glück.
Aber auf der dritten Reise
baute er sein Meisterstück.

Auf der Strecke Hamburg – Hagen
wurde Nettelbeck entdeckt.
In 'nem Erster-Klasse-Wagen
hielt er sich im Klo versteckt.

Als sie ihn verhaften wollten
bat er um Gelegenheit
einen Vorgang abzuschließen.
Man erklärte sich bereit.

Da geschah das Sagenhafte
dessen Kunde zu uns drang
wie Herr Nettelbeck es schaffte
daß ihm doch die Flucht gelang.

Eine von zwei Möglichkeiten
gab's nur denn das Fenster war
streng bewacht von beiden Seiten
und ihm war die Lage klar.

Es begann sich zu entkleiden
Nettelbeck in aller Ruh
schob den Anzug durch die Röhre
und die Wäsche und die Schuh.

Drauf mit grüner Seife machte
sich geschmeidig wie ein Aal
Nettelbeck. Dann stieg er sachte
und beherzt in den Kanal.

Diesen Trick der selbst Artisten
Mühe kostet und Gefahr
konnte Nettelbeck sich leisten
weil er Rettungsschwimmer war.

So erreichte ohne Stocken
unten er den Schienenstrang
und ging sammeln seine Brocken.
Und er fand sie gottseidank.

Als man mit Gewalt in Hagen
öffnete das Waschlokal
sah die Kripo durch die Röhre.
Und das war ihr sehr fatal.

Nettelbeck der ist verschollen.
Alles freut sich im Revier.
Nur die Staatsanwälte grollen
doch die kriegen was dafür.

Die Moral, ihr wollt sie wissen?
Also hört sie euch denn an:
kein Klavier ist so beschissen
daß man nicht drauf spielen kann.

Der Mann am Gürtel

Im Lokal im Nachtjackenviertel
im Abtritt auf dem Hof
hat sich einer mit dem Gürtel
erhängt nach dem Schwof.

Das Buffetfräulein beim Verschwinden
stieß an den Mann.
Sie dachte es sei ein Betrunkener
und tat's nebenan.

Der Kellner am nächsten Morgen
beim ersten Blick
dachte genau dasselbe
und zog sich zurück.

Und als er nach gut einer Stunde
ihn dort noch fand
wurde er grob und sagte:
»Das ist ja allerhand!«

Dann kam das Buffetfräulein wieder
wie gewöhnlich zuletzt
mit gerafftem Gefieder
und floh entsetzt.

Als der Kellner Tags drauf am Abend
den Betreffenden sah
dachte er nur der wäre
schon wieder da.

Im Lokal im Nachtjackenviertel
ist Ringelpietz am Po
und der Mann an seinem Gürtel
hängt genau noch so.

Ein Mann geht nicht unter –
Die Piratenbraut rät ihrem Lover, heimlich
mit ihr zu verduften
Gassenhauer

Stinkende Planken,
ein elendes Wrack!
Die Herrn Compañeros:
ein Lumpenpack!
Komm, laß uns abhaun!
Noch ist es Zeit.
Mach Schluß mit deiner
Vergangenheit!

Ein Mann geht nicht unter,
wenn er nicht will.
Wehre dich, schlage dich,
halte nicht still!
Was fallen will, fällt
wie ein Ziegel vom Dach.
Wehre dich, schlage dich,
werde nicht schwach!
Die Freiheit wird keinem
so einfach geschenkt!
Wenn einer will,
dann reißt sogar der Strick,
an dem er hängt.
Drum wehre dich, schlage dich,
halte nicht still!
Ein Mann geht nicht unter,
wenn er nicht will.

Denk an die DRAGON,
an Silver und Flint –
wie die vor die Hunde
gegangen sind!
Jack hängt in New Port,
Warley am Kap.
Das waren Versager!
Die waren zu schlapp.

Ein Mann geht nicht unter,
wenn er nicht will.
Wehre dich, schlage dich,
halte nicht still!
Was fallen will, fällt
wie ein Ziegel vom Dach.
Wehre dich, schlage dich,
werde nicht schwach!
Die Freiheit wird keinem
so einfach geschenkt!
Wenn einer will,
dann reißt sogar der Strick,
an dem er hängt.
Drum wehre dich, schlage dich,
halte nicht still!
Ein Mann geht nicht unter,
wenn er nicht will.

Kitty, die Gangsterbraut

Kitty was a Gangsterbraut,
on a Schmugglerboot.
Auch danach trug sie den Colt
under petticoat.
Kam ein Kerl ihr all zu quer,
Kitty ließ das kalt.
Sie nahm nur das Schießgewehr,
und dann hat's geknallt.
(Schuß)

Kitty, Kitty, muß das sein?
Steck doch die Kanone ein!
Kitty, Kitty, Polizei
fackelt nicht bei Schießerei!
Bringt Sheriff dich nach Sing-Sing –:
never dance and never drink!
Never wirst du mehr gekußt,
wenn du Tüten kleben mußt.
(Schuß)
Kitty, Kitty, muß das sein?
Ist die Kugel auch ganz klein,
triffst du wen, und he ist dead,
bringt dich keiner mehr zu Bett!
Wirst in little room geschleift
und trägst immer nur gestreift.

Kitty zog sich dann zurück
nearly ein Jahr.
She was wieder Gangsterbraut,
was sie früher war.
Eines Nachts mit gentleman
kam sie in my house,
zog den Colt und sagte: Ben,
rück die Dollars raus!

Kitty, Kitty, muß das sein?
Steck doch die Kanone ein!
Take with me a little drink
und erzähl mal, wie dir's ging.
Wie geht's Jonny, Jim und Jack?
Steck doch die Kanone weg!
Drückst du ab, dann geh ich tot
for a little Butterbrot.
Kitty, Kitty, muß das sein?
Mein Budget is very klein.
Mach den gentleman da kalt!
Wir vergraben ihn im Wald,
und dann teilen wir den Kies.
Kill him, Kitty, kill him, please!
(Schuß)
Kitty, darling, bist du süß!

Das Hosenlied vom Calico-Jack

Calico-Jack, o Calico-Jack,
der hatte ne Hose, die starrte vor Dreck!
Nur Flicken bei Flicken und Fleck bei Fleck –
oho oho! –,
ne Hose aus Kaliko.
Erst war sie blau, dann violett,
dann war sie schwarz von Blut und Fett
und kugelfest und steif wie'n Brett –
oho oho! –,
die Hose aus Kaliko.
Erst war sie blau, dann war sie black,
die Hose vom Calico-Jack.

Calico-Jack, o Calico-Jack,
und hatte er unten'ne Lady beim Speck,
dann stand seine Hose allein auf Deck –
oho oho! –,
die Hose aus Kaliko.
Erst war sie schwarz, dann grau, dann grün.
Am Ende fing sie an zu blühn.
Da war sie nicht mehr auszuziehn –
oho oho! –,
die Hose aus Kaliko.
Und dann zerfiel sie wie ein Wreck
zusammen mit Calico-Jack.

Bully Hayes,
die Trompete des Satans
oder
Vom Preis aller Dinge

Dies sind die Signale
des Amselfängers Bully Hayes,
die Infamie, Profit und Mord bedeuten.
Er handelte mit Menschenhäuten.
Er fing die Blackbirds ein
für weiße Pflanzer.
Als Mensch war er ein halbes Vieh –
als Mann
ein ganzer.

Bully Hayes,
der ein Trompeter war aus Germany,
nahm, was sich ihm bot
an Perlen, Kopra, Schiffen mit und ohne Ladung
zwischen Java und den Karolinen.
WIR KRIEGEN, sagte Bully Hayes,
ALLE DINGE UM DEN PREIS,
DEN WIR VERDIENEN.

Natürlich ging da mal was schief –
kein Wunder bei dergleichen Fracht!
Man steckt nicht überall drin,
und Pech gibt es zu bei der Seefahrt.
Der Neid ist überall grün
und gewaltig
die menschliche Niedertracht.

Dies ist die gottergebene Trompete
des Bully Hayes,
wie er dieselbe 1875 zu Manila blies,
dort in der Kathedrale,
in Demut als Gefangener des Gouverneurs,
wo der Herr Bischof sein Talent entdeckte
als Amselfänger Gottes
und seinen frommen Eifer weckte,
ihn selber lehrte, segnete
und der Begnadigung der Krone anempfahl.

Der Gouverneur war hingerissen:
Herr Hayes, beim Herzen Jesu,
man hielt es nicht für möglich!

Man wird verkannt, Señor,
mit Schmutz beworfen, Señor,
der Konkurrenz paßt jede blutige Lüge!
Meine Weste wäre weiß,
sagte Bully Hayes,
wenn ich eine trüge.

Der Gouverneur sah versonnen
auf seine silbergraue Weste,
und Bully sog gelassen
an seiner Brasil:

Lügen, Señor,
bei Christus, nichts als Lügen!
Bitte über mich zu verfügen!

Man schenkte dem Bekehrten
bald darauf die Freiheit,
und Señor Hayes war auch so frei,
sich schleunigst einen Schoner auszurüsten
und sein Gewerbe wieder aufzunehmen
zwischen Java und den Karolinen.
WIR KRIEGEN, sagte Bully Hayes,
ALLE DINGE UM DEN PREIS,
DEN WIR VERDIENEN.

Natürlich ging da mal was schief –
kein Wunder bei dergleichen Fracht!
Man steckt nicht überall drin,
und Pech gibt es zu bei der Seefahrt.
Der Neid ist überall grün
und gewaltig
die menschliche Niedertracht.

Sie mögen
sich frei bewegen
auf Olosenga,
sagte der Konsul,
ich verlasse mich
auf Ihr Ehrenwort,
Mister Hayes,
Sie versprechen, nicht zu fliehn?!

Sie haben mein Wort,
sagte Bully,
verbindlichen Dank
für ihr Bemühn.

Sie sind ein Gentleman,
Mister Hayes,
lächelte der Konsul.

Man wird verkannt, Mylord,
mit Schmutz beworfen, Mylord,
der Konkurrenz paßt jede blutige Lüge!
Meine Weste wäre weiß,
sagte Bully Hayes,
wenn ich eine trüge.

Der Konsul blickte versonnen
auf seine silbergraue Weste,
und Bully sog gelassen
an seiner Brasil:
Lügen, Mylord,
auf Ehre, nichts als Lügen!
Bitte über mich zu verfügen!

Dies ist die rührende Weise –
ein Lied aus Germany –
das Abschiedsständchen, welches Bully Hayes
der Konsulsgattin brachte
vor dem Zubettgehn,
als ihn die Geschäfte riefen
noch in gleicher Nacht,
und es keinen Aufschub für ihn gab.

Da blieb dem Konsul nur
das Wort des Bully Hayes,
das Wort, das hatte er,
jedoch die Ehre fehlte.

Da nahm er's, dreht' es hin und her
und machte einen Strick daraus
für'n gutes Dutzend kleine braune
verworfene Marodebrüder
und gewann auf solche Weise
seine Ehre wieder,
seine Ehre
zwischen Java und den Karolinen.

WIR KRIEGEN, sagt schon Bully Hayes,
ALLE DINGE UM DEN PREIS,
DEN WIR VERDIENEN.

Blackbeard greift an
Vivi-Glory-Song für Chorus & Quetschkommode

Hört, Bullies, hört!
Was ist das Leben wert
ohne Bleibe, ohne Herd,
ohne Planke, frisch geteert,
ohne Koje in den Winternächten?
Ohne dear old Whisky, der im Rachen brennt?
Keinen Cent ist es wert,
keinen Cent!

Blackbeard ist unser Mann!
Blackbeard, der führt uns an.
Er ist der Schrecken der großen Halunken.
Er ist die Fackel,
wir sind die Funken.
Tod aller Not!
Ihr sterbt nur einen Tod.
Blackbeard greift an!

Hört, Bullies, hört!
Was ist das Leben wert
ohne See, die uns ernährt,
ohne Glück, das mit uns fährt,
ohne Banjo in den Sternennächten?
Ohne Girl, mit dem man unter Palmen pennt?
Keinen Cent ist es wert,
keinen Cent!

Blackbeard ist unser Mann!
Blackbeard, der führt uns an.
Er ist der Schrecken der großen Halunken.
Er ist die Fackel,
wir sind die Funken.
Tod aller Not!
Ihr sterbt nur einen Tod.
Blackbeard greift an!

Sklavenhändler Natty Gordons
Sonntags-Choral
von Time und Money

Der Morgen tritt dir in die Magengrube.
Die Nacht erstickt dein dreckiges Gelächter.
Dazwischen hältst du dein Geschäft im Schwunge.
Time is money!
Die Messer der Schlächter
geben dir recht, mein Junge!

Spute dich, Gurgel, zu schlucken!
Zähne, malmt schneller!
Kurz ist deine Mahl-Zeit, Natty Gordon –
liegst selbst auf'm Teller.

Am dritten Tag wird die Kartoffel sauer,
am zweiten schon das süße Fleisch im Kissen.
Geduld ist nur den Toten zu empfehlen.
Time is money!
Zeit zum Pissen
mußt du dir stehlen.

Spute dich, Gurgel, zu schlucken!
Zähne, malmt schneller!
Kurz ist deine Mahl-Zeit, Natty Gordon –
liegst selbst auf'm Teller.

Zum Whisky hol dir die erprobten Sterne,
die Freunde dein, so fern wie treu von ehe.
Wenn sie näher wären, hättest du sie längst
                                    verladen.
Time is money!
Und bei Nähe
geht die allerbeste Freundschaft baden.

Spute dich, Gurgel, zu schlucken!
Zähne, malmt schneller!
Kurz ist deine Mahl-Zeit, Natty Gordon –
liegst selbst auf 'm Teller.

Zum Sonntag kau 'ne zache Bibelstelle!
Dem Rachen Himmel ist dein Seelenstrunk
                                    verschrieben.
Der Rachen Staat wird dein Gefleisch verschroten.
Time is money!
Sonntags üben
die Henker am Hals ihrer Weiber den Knoten.

Spute dich, Gurgel, zu schlucken!
Zähne, malmt schneller!
Kurz ist deine Mahl-Zeit, Natty Gordon –
liegst selbst auf 'm Teller.

Schluß-Moritat

Wer raubt und glaubt an Raub und Mord,
wird Obermacher, King und Lord.
Oder er muß bammeln,
brummen und vergammeln.

Es kommt nur immer darauf an,
daß er so lange ballern kann,
bis die andern sagen:
Der ist nicht zu schlagen.

Und darum gibt es ebende
nur Bosse tot und lebende.
Räuber sind sie alle.
Wer's nicht glaubt, ist malle.

V. Historien

Finale der Odyssee

Im Stall,
wo die Panzer der Wespen rosten,
lehnt zerlegt an der Wand
der Webstuhl Penelopes.
Sie nahm einen andern.
Der Listenreiche,
der Dulder verkam
in den Zwangsarbeitslagern
der Lästrygonen.
Homer hat es nur nicht gewußt.

Der goldene Daumen

König Midas hatte sich vollgetrunken
aus Wut.
Das Gold, zu dem der Wein erstarrte,
stand bis zur Gurgel.
Sein Atem schnarrte,
und er roch nicht gut.

Der Sklavin, die ihn manikürte,
brach, als sie sich ungeschickt drehte,
des Königs goldener Daumen ab.

Sie wußte, daß er nichts spürte
und daß kein Hahn danach krähte,
und warf ihn hinaus in den Rasen.
Die Hunde kamen,
schnüffelten dran
und trollten sich mit goldenen Nasen.

Memento I
Pythagoras zu Diomede am Abend vor der Flucht

Erinnerst du dich noch
als ich dir das kleine
Blesshuhn in die Höhle brachte
und wir beide
du und ich
Füchse waren?

Nun hältst du die weiße Taube
in den Händen
und nicht mehr wässert's
dir die Zunge

Erinnerst du dich noch
als die Verfolgung dann
der Füchse anhub
und sie uns
bezichtigend der Tollwut
beide uns
dich und mich erschlugen?

Nichts von einer Wut
wussten wir
und toll
waren nur die Jäger

Nun sind wir in diesem Leben
Pythagoras und Diomede
und Dienende
in eines Königs Haus

Abschied nimm von deinen Blumen
fliegen lass die Taube
denn ein Schatten fiel auf uns
seit der Herr die Rüstung trägt
und die Waffen zählt

Erinnerst du dich noch
als wir beide
du und ich
Füchse waren?

Die Winde des Herrn Prunzelschütz
Eine Ritterballade

Das war Herr Prunz von Prunzelschütz.
Der saß auf seinem Rittersitz
mit Mannen und Gesinde
inmitten seiner Winde.

Die strichen, wo er ging und stand,
vom Hosenleder übers Land
und tönten wie Gewitter.
So konnte es der Ritter.

Zu Augsburg einst, auf dem Turnier,
bestieg er umgekehrt sein Tier,
den Kopf zum Pferdeschwanze,
und stürmte ohne Lanze.

Doch kurz vor dem Zusammenprall –
ein Donnerschlag – ein dumpfer Fall –
Herr Prunz mit einem Furze
den Gegner bracht zum Sturze.

Da brach der Jubel von der Schanz.
Herr Prunzelschütz erhielt den Kranz.
Der Kaiser grüßte lachend
und rief: Epochemachend!

Ein Jahr darauf. Herr Prunzelschütz
saß froh auf seinem Rittersitz
mit Mannen und Gesinde
inmitten seiner Winde.

Da kam ein Bote, kreidebleich,
und meldete: Der Feind im Reich!
Das Heer läuft um sein Leben.
Wir müssen uns ergeben.

Flugs ritt Herr Prunzelschütz heran,
lupft seinen Harnisch hinten an
und läßt aus der Retorte
der Winde schlimmste Sorte.

Das dröhnte, donnerte und pfiff,
so daß der Feind die Flucht ergriff.
Da schrie das Volk und wollte,
daß er regieren sollte.

Herr Prunz indessen, todesmatt,
sprach: Gott, der uns geholfen hat,
der möge mich bewahren.
Dann ließ er einen fahren.

Der letzte war's, der schwach entfloh.
Drauf schloß für immer den Popo
Herr Prunz, der frumbe Ritter,
und alle fanden's bitter.

Er ward begraben und verdarb.
Die Burg zerfiel. Doch wo er starb,
steht heute eine Linde.
Da raunen noch die Winde.

Ballade vom gottungefälligen Treiben und ehrlosen Ende der Vitalienbrüder, welche jahrelang die Ostsee verunsichern taten

Das warn die Vitalienbrüder,
die kämmten die Ostsee durch,
wieder und immer wieder
von Riga bis Trälleburg.

Sie hatten in Wisby der Feste
ihr Piratenarsenal.
Das Bier dort war das beste
und das weibliche Personal.

Nun nannten sich diese Ladronen
des Herrgotts verlängerten Arm
und machten den Handelspersonen
die christlichen Ärsche warm.

Das wurmte die hohe Ekklese –:
Sie taten es ohne Lizenz!
Sie wurde bitterböse
und verfolgte die Konkurrenz.

Der dänischen Dronning Margrete
war diese schon längst ein Dorn.
Schnell blies sie die Kriegstrompete
respektive das Pulverhorn.

Gleich kamen die heiligen Ritter
vom preußischen Schlachtberitt
und schlugen mit Gott und Gewitter
Wisby zu Grus und Splitt.

Die Räuber samt Magd und Köter
wurden aufs Kreuz gelegt.
Da schmatzten die Handelsvertreter
und dankten Gott bewegt.

Den verlängerten Arm des Höchsten
amputierte ein Standgericht.
(Wir wissen von Seinen Nächsten –:
So einen vermißt er nicht.)

Man stopfte die Brüder in Fässer –
die wurden zugleich ihr Grab.
Der Henker mit dem Messer
ratschte die Rüben ab.

Nun brauchten sie keine Vitalien,
kein Bier und kein Personal.
Drum schließen auch wir die Annalien.
Solch Ende ist fatal.

Zum Abschluß der obigen Stanzen
wäre zu sagen noch:
Auch die Wanze hat nicht gern Wanzen
respektive ein Loch ein Loch.

Neues Störtebeker-Lied
Für das Lesebuch der unteren Klassen

Vorweg zu sprechen

Das Fett ist da –
nur nicht bei dir!
Nun schmier dir was aufs Rundstück!
Wo aber das Fett
am dicksten ist,
ist auch das Schmieren kein Kunststück!

Gab mal den Störtebeker Klaus.
Der nahm die Hansespecker aus.
Er brachte von dem Specke
ne Masse um die Ecke
und ließ es aus
und machte für die Seinen
und die vielen Kleinen
fette Happen draus.

So nahm der Störtebeker Klaas
auch mal dem stolzen Bergen Maß.
Das stank nach Speck und Sprotten
aus allen Lagerkotten
und sah bald aus
wie Soda und Schomorra.
Heilige Ziborra,
schleppte der was raus!

Da schrie in Hamburg, Bremen, Kiel
die Speckerschaft: Es sind zu viel
an einem Zweck beteiligt,
der alle Mittel heiligt.
Die müssen weg
samt Klüsen, Milch und Rogen.
Kratzt sie von den Wogen!
Uns gehört der Speck!

Gab mal den Störtebeker Klaus.
Den machten sie zu Labs und Kaus,
weil der den Handel schwächte.
Der Speck ist stets im Rechte.
Das ist mal klar!
Sei brav und ehr die Specker!
Denk an Störtebeker,
der ein Räuber war.

Hinterher zu sprechen

Das Fett ist da –
nur nicht bei dir!
Bedank dich für dein Rundstück!
Und weil das Fett
nur oben schwimmt,
ist dein Verrecken kein Kunststück.

Geschichte mit Spannung
Affair d'amour
Notizen von einem Schloßbesuch mit Führung

Hochgespannt
waren die Dessins des Grafen Königsmark
Es wurde angespannt
es wurde ausgespannt
Und immer auf drei Beinen
à seul à deux und dann
spannten die Lakaien

Hochgespannt
war der Baldachin
17 Ellen Seide aus der Hofboutique
königsblau
(Es gibt noch ihren Grundriß im Stadtbauamt
Neubau Spannbeton)

Wo jetzt nur eine Nische ist
und nacktes Holz
entspann sich alles cinema baroque
zwei Spannen im Quadrat
il spandimento

Après
Champagner und Gewissensbisse
Die Prinzessin war dann jedesmal
fix und fertig

Ihre Ehe war gespannt
Königsmark
war imposant
Jede Nummer war riskant

Um die Sache kurz zu machen
In einem Abtritt eingemauert
bestattet à la Toilette
fand man ihn unlängst wieder
ganz per Zufall
entspannt bis in die Hosenknöpfe
den Oberst Königsmark

John Morgan
Ballade nach zeitgenössischen Kupfern

John Morgan, als der Tag brach an,
da Panama sollt fallen,
er faltete auf dem Degenknauf
die Hände. Zum Himmel er schielte hinauf.
God help me, sagte John Morgan.

Und als man sah das große Fort,
im Licht die Stücke blitzen,
die Freibeuter wollten kneifen da.
Zwölf boys er ließ brennen vor Panama.
God damned, sagte John Morgan.

Vier Stunden der Spaniole stand.
Doch dann war reif die Feste.
Was da Hosen trug, verfiel dem Strang.
Alsbald ward geplündert. Wo ist die Bank?
God help me, sagte John Morgan.

Und Panama in Asche sank.
Noch nicht verweht der Rauch war,
mit dem Adelsdiplom Seiner Majestät
der Kurier ihn erreichte. Du kommst mir spät!
God damned, sagte Sir Morgan.

Sir Morgan, als ihn der Profos
im Tower zwölf Jahr später
zum Kerker führte die Stiegen hinab,
wohl dreimal er schlug da sein Wasser ab.
God help me, sagte John Morgan.

Die Menschlichkeitsballade
vom Major Bonnet
oder
Wer die Großen schädigt,
der ist gleich erledigt

Hört an die Geschichte
                    vom Major Bonnet.
Er starb nicht im Bett,
o no, o no, o nein nein nein!
Er kam als Humaniste
und kreuzte an der Küste
                    vor Virginia
ganz ohne ohne Heiligenschein,
die Negersklaven zu befrein/
die Negersklaven zu befrein.

Die Händler, die Pflanzer,
                    die schäumten vor Wut:
Ein Narr, der das tut!
O yes, o yes, o ja ja ja!
Denn jeder weiß, die Mohren
zur Knechtung sind geboren
                    für die weißen Herrn –
hallé – hallé – halleluja! –
in God's own land Amerika/
in God's own land Amerika.

Doch auch zum Befreien
                gehört nun einmal
Betriebskapital –
und nicht zu knapp, o nein nein nein!
Und dieses sich erbracht' er
durch Knacken fetter Frachter
                vor Neu-Engelland,
ganz ohne ohne Kaperschein.
Da schrie der König: Hängt das Schwein!
Da schrien alle: Hängt das Schwein!

Zu Charleston am Strande,
                paar Wochen darauf,
da knüpften sie auf
Bonnet – o yes, o ja ja ja! –
mit Spott und Hohn und Grinsen.
So zahlte er die Zinsen
                seiner Menschlichkeit –
hallé – hallé – halleluja! –
in God's own land Amerika/
in God's own land Amerika.

Dauerwurstballade

War einst ein Herr von Löwenhurst,
der stopfte eine Dauerwurst,
neunhundertzwanzig Meter lang,
und baute dazu einen Schrank.

Er aß soviel er nur vertrug.
Die Wurst war aber lang genug,
daß noch nach fünfundsiebzig Jahren
neunhundert Meter übrig waren.

Da starb der Herr von Löwenhurst.
Nach ihm erhielt sein Sohn die Wurst.
Und als auch dieser kam zu sterben,
verschrieb er seine Wurst dem Erben.

Der aß so viel er nur vertrug.
Die Wurst war aber lang genug,
so daß nach hundertfünfzig Jahren
achthundert Meter übrig waren.

Da starb der Herr von Löwenhurst.
Sein Sohn erhielt nach ihm die Wurst.
Und als auch dieser kam zu sterben,
verschrieb er seine Wurst dem Erben.

Und jeder, der die Wurst ererbte,
ließ von der Pelle – die er gerbte –
sich Schuhe, Wams und Hose schneiden:
Sie war zum Essen und zum Kleiden.

Woher die Wurst, woher das Mett,
stand nirgendwo auf einem Brett.
Es hieß nur, wenn die Hürste aßen,
sie täten dies verdientermaßen.

Und alle, die in Lohn und Sold
bei ihnen, fanden's gottgewollt.
Sie dienten ihnen treu ergeben
und ließen für die Wurst ihr Leben.

So gingen tausend Jahre lang
die Löwenhürste an den Schrank,
und Kind und Kind und Kindeskind
fand Wurst genug im Ahnenspind.

Indes, da ewig auf der Welt
sich selbst die Dauerwurst nicht hält,
so blieb zum Schluß dem jüngsten Erben
ein Zipfelchen, zu viel zum Sterben.

Da sprach der letzte Löwenhurst:
Der kleine Zipfel ist mir wurst!
Ich nehm die Schande nicht in Kauf.
Und hängte sich am Wurstband auf.

Der Henker von Paris

Ist wer zu henken in Paris,
so macht das Jean Plumecoque.
Der trägt den scharlachroten Rock
und von Seide ein weißes Chemise.
Erscheint er auf dem Blutgerüst,
dann seufzen die Frauen:
Wie schön er ist!

Und wenn er zuschlägt, schwingt er stolz
das Beil und trifft präzis,
genau zwei Finger überm Chemise,
und der Kopf rollt herunter vom Holz.
Zweihundert köpfte er schon und mehr.
Und die Frauen seufzen:
Wie stark ist er!

Und spritzt das Blut ihm auf die Hand,
dann wischt er's in ein weißes Tuch
und wirft's mit einem leisen Fluch
in die Menge hinunter vom Stand.
Da wird's zerrissen und geküßt.
Und die Frauen seufzen:
Wie süß er ist!

Ninoschka

Ninoschka,
Ninoschka,
steig ein in die Droschka,
wir fahren
zum Zaren,
dawai.
Auf Wiedersehn, Matka,
wir kaufen in Stadtka
dir Ringlein und Broschen
und Gummigaloschen,
ein Bauer auch mit Papagei.

Ninoschka,
Ninoschka,
steig ein in die Droschka,
wir fahren
zum Zaren,
dawai.
Der sitzt auf dem Schemel,
da droben im Kreml
und mischt ein Kompottka
aus goldgelbem Wodka
mit Kandis, Vanille und Ei.

Ninoschka,
Ninoschka,
steig ein in die Droschka,
wir fahren
zum Zaren,
dawai.
Er gibt uns ein Näpfchen,

wir trinken ein Tröpfchen
und setzen paar Läus'chen
ihm heimlich ins Kräus'chen
und tanzen den Teppich entzwei.

Ninoschka,
Ninoschka,
steig ein in die Droschka,
wir fahren
zum Zaren,
dawai.
Er spricht: Lieber Stjenka,
so nimm als Geschenka
ein goldenes Schlößchen.
Macht beide ein Sprößchen,
und laßt euch nicht stören dabei.

Kawenz oder Das Objekt im Grab
Eine merkantilistische Ballade

Im alten Dome zu Bregenz
war Kastellan ein Herr Kawenz.
Der leitete den Fremdenstrom,
beschrieb, erläuterte den Dom
und war für Trinkgeld gern bereit,
die größte Sehenswürdigkeit
zu zeigen: einen Sarkophag,
in dem die Gräfin Olly lag.
Er schob den Deckel auf die Seit
und sagte: Welche Heiterkeit
liegt noch auf diesem Angesicht.
Verehren wir die Gräfin nicht?
Strahlt nicht ihr Stern noch immerdar?
Von ihrem edlen Wangenpaar
weht Charme, der noch im kargen Rest
den alten Glanz erkennen läßt.

Als wieder einmal er geführt,
das Herz gerührt und einkassiert,
da fragte ihn ein Millionär
diskret, ob nicht zu haben wär
ein Souvenir, ein Talisman.
Doch zeigte nur der Kastellan
das kalte Lächeln einer Sphinx.
Dann, gegen Trinkgeld allerdings,
ließ er von dem Objekt im Grab
dem Herren ein paar Haare ab.

Ein andermal kam ein Baron,
der gegen Gratifikation
ein Stück der Dame sich erstand:
den Zeigefinger einer Hand.
Danach verkaufte Herr Kawenz
bedenkenlos die Eichenkränz,
ein Schulterblatt, ein Schlüsselbein,
Herz, Niere, Galle, Gallenstein
und machte endlich im Verlauf
der Zeit totalen Ausverkauf.

Ließ aber Steißbein und Gesäß
zurück, der Pietät gemäß.
Dann nagelte den Deckel drauf
Kawenz und gab den Posten auf.

Wichtiger Nachtrag:

Verschlossen blieb der Sarkophag
seitdem bis auf den heutigen Tag.
Und nur der Spruch des Herrn Kawenz
tönt noch in Rhythmus und Kadenz
wie sonst, obwohl ein andrer spricht:
Verehren wir die Gräfin nicht?
Strahlt nicht ihr Stern noch immerdar?
Von ihrem edlen Wangenpaar
weht Charme, der noch im kargen Rest
den alten Glanz erkennen läßt.

Interview

Gestern wurde der hundertjährige
Opa Knacke interviewt.
Er saß am Ofen
und roch nicht mehr gut.
Auch hört er nichts mehr.
Altes gesundes Bauernblut,
notierte der Redakteur.
Diente seinerzeit in Belvern
bei den berühmten Hundert-elfern.
Wurde Heilgehilfe
(beritten)
und hat als gelernter Frisör
Hindenburg oft
die Haare geschnitten.
Rasierte Wrangel und Blücher
– um nur diese zu nennen –
und will sich ganz sicher
auch des Alten Fritzen
erinnern können.

Er trug die Fahne bei Hohenmoor,
wo er sämtliche Zähne verlor.
Herr Knacke hatte fünf Frauen.
Die ersten vier
zum Verhauen.
Die letzte
nur noch zum Kauen.
Jetzt bei jüngster Tochter in Pflege.

(Achtundsechzig.
Kriegt heute noch Schläge.)
Redlich, treu, von alter Art.
Siebzehn Orden unterm Bart.
Kennt weder Schlaf-
noch Stuhlbeschwerden.
Knacke will jetzt Politiker werden.

Der General

Letzte Nacht
einen Bären
(mir irgendwo aufgebunden)
zur Leichenhalle geschafft.
Dortselbst entlaust
Gewaschen getrimmt
Schnauze geputzt
Krallen gestutzt.
Glocke gezogen
Zur Trauerfeier.
Der Pfarrer kam angeflogen
und ein halbes Schock
ausgeblasene Hühnereier.

Pfarrer sprach beachtlich.
Gott sei auch unter Tatzen gut.
Die Eier nickten ergriffen.
Dann wurde ein Messer geschliffen
und dem Bären
der Bauch aufgeschlitzt.

Glänzend erhalten
stieg mein General heraus.
Mein guter alter Heldenvater
aus besseren Tagen.
»Meine Herren!
Wäre zu sagen –«
sagte mein General
»Vaterland!
Freiheit!
Schwartenmagen!

Dann wollen wir mal
die Front der übriggebliebenen Cognacflaschen
abschreiten!«
(Man schluchzte leise.)
Pfarrer und Trauergemeinde
durften ihn ausnahmsweise
begleiten.

Dem von Knochenheim,
Junker Götzen, in die Fahne gehustet
Marschlied zu Beinpfeifen,
Zymbeln und Saitenspiel

O Junker Götz von Knochenheim,
im Harnisch deiner Flomen,
du bist ein Sack voll Fliegenleim
und gestiefelter Chromosomen.

Dein Holzbein vom Cheruskerstamm
steht wieder voll in Blüte:
Schon rötet sich dein Eisenkamm
unter der neuen Tüte.

O Goliath im Fahnenwind,
Vergiß-mein-nicht-Verkrafter,
den kleinen Blumentöpfen rinnt
die blanke Angst aus dem After.

Dir immer wieder ausgesetzt,
dem Sog der Korridore,
dem Dienstweg letzlich und zuletzt
deiner Gräberfolklore:

Laß dir in die Pupille schaun!
Du lächelst melancholisch –
auf einem Auge rosabraun,
auf dem anderen katholisch.

Auktion

Die Memoiren
der Gräfin Louise-Marianne,
sechs Foliobände,
von Mäusen zerfressen.
Eine vergoldete Badewanne,
in der sie der Kaiser
(nach der Legende)
dreimal besessen.
Ein Kamm,
ein Schwamm,
ein Waschlappen, blau,
mit rotem Signet
und die Hose Seiner Majestät,
die berühmte weiße,
die der gewaltigen Ritte.
(Er wechselte diese erst hinter der Neiße.)
Bieten Sie bitte!
Der Schmutz ist echt,
die Hose umstritten.
Zum ersten,
zum zweiten,
zum – dritten.

Hier ruht in Gott

Hier ruht in Gott
der Schreibtischmörder Schlee,
Franz Amadeus Ephraim,
Regierungsrat a. D.
In seinen Händen hielt er nie
Pistole oder Flinte.
An seinen Fingern klebte nur
a bisserl rote Tinte.
Auch die Pension,
sie ward ihm nicht versagt,
und droben ist er auch nicht angeklagt.
+ + +

VI. Balladen von See

Des Seeräubers Morgenlied

Der Meermist dampft.
It's time to rise.
Der Meerhahn kräht:
Wach auf, Geschmeiß!

Zu Pott! Es fault
schon gen den Tag
zu neuem Brand
und Brägenschlag.

Die Sonn erstinkt,
der Pestwind weht.
It's time to pray
das Drankgebet.

O Herr des Gulls,
wir zu Dir schrein:
Laß gnädig uns
die Scheiße sein!

Für wen schon

San Gabriel auf den Wogen.
Mäuse
am Schiffsproviant Vasco da Gamas.
Von Cap Palmas
über Skorbut und Meuterei
nach Weihnachtsland.
Fürchtet euch nicht!
Und endlich
die Gewürze Indiens.

Für uns
hat es sich nicht gelohnt,
sagen die Matrosen.
Der Admiral war ein Vieh.

Im Nebel
laufen die Kreuzer aus
zu Flottenmanövern
im Raum der Osterinseln.
Aber das Grab war leer.

Der Dienst sei erträglich,
doch habe man keine Gelegenheit dort,
einen Sixpence an den Mann zu bringen,
geschweige denn Weiber,
sagen die Matrosen.

Neues Korsarenlied

Bei den Korsaren lebt sich's gut,
mit Schmeer am Bein und Teer am Hut.
Das Meer ist eine Wiese,
voll von fetter Prise!
Man melkt die freche Kauffahrtei
und krallt den Ramsch und spritzt dabei
auch den hohen Tieren
die Bohnen mang die Nieren.

Kein größer Lust auf weitem Meer,
als abzuspecken die
Ostindische/Ostindische
Handelskompanie!

Bei den Korsaren lebt sich's fein,
mit Teer am Hut und Schmeer am Bein
und langen Entermessern
auf den Pulverfässern.
Die Notzucht macht den meisten Spaß.
Man nimmt den jungen Schneppen Maß
und besorgt den Tillen
das Gegenteil vom Killen.

Kein größer Lust auf weitem Meer,
als abzuspecken die
Ostindische/Ostindische
Handelskompanie!

Bei den Korsaren lebt sich's schön!
Mit Leck im Kopp und abbem Been
ist man als Mastkorbspäher
dort dem Herren näher.
Und wenn der Pott zum Düvel geiht,
hat man noch fünf Minuten Zeit,
auf den Schmutz zu scheißen –
und das will doch was heißen!

Kein größer Lust auf weitem Meer,
als abzuspecken die
Ostindische/Ostindische
Handelskompanie!

Die wahrhafte Story vom wüsten Lolona

Von allen Stromern auf der See
war Lolona der wüsteste.
Er war beschmiert mit Blut und Dreck,
der ärgste Haifisch starb vor Schreck,
sah er nur die Visage
in der Takelage.

Er stank nach Tobak, Fut und Rum.
Die andern Killer kippten um,
wenn ihnen dieser Eimer Drang
am Horizont entgegenstank.
Drum hat er viele Briten-
kehlen durchgeschnitten.

Doch *er* war zäh wie Gummigutt.
Kein Weibsbild kriegte ihn kaputt.
Er wurde dreimal umgebracht,
ist zweimal wieder aufgewacht
und machte dess' zum Zeichen
doppelt soviel Leichen.

Zu Maracaibo in der Bay
gab's eine Riesenmetzelei
mit Graus und Folter um den Brast –
schon beinah ganz wie heute fast!
Das Aas zum Himmel strotzte,
daß der Geier kotzte.

Als Gott an jenem Schlachtetag
auf einer frommen Wolke lag
und unten die Bescherung sah,
rief er: Goddam! Halleluja!
Der sündet ja unsäglich!
Gott, wie ist das möglich?

Und er vermachte gnadenlos
das Stück den armen Indios.
Am Strand von Nicaragua
geschah's dem Killer Lolona,
daß diese ihn ergriffen,
akkurat beim Schiffen.

Sie schnitten ihn sich brav zurecht,
die Nase ab und das Gemächt,
sie sengten ihm den Schädel kahl,
sie banden ihn an einen Pfahl,
begossen ihn beständig
und brieten ihn lebendig.

Big Fock

Das war der Seepirat Big Fock.
Sein Holzbein war sein Ladestock.
Und brachte er einen Frachter auf
mit Schweinfleisch und Brandy drauf,
er schnitt sich einen Kerb ins Bein –
denn das war sein Bordbuch, das mußte sein.
Dann ging es rund in Saus und Braus,
mit Fressen und Prügelei,
dann kotzte er alles wieder aus –
ahoi ahoi ohe!
Es lebe, es lebe die Seeräuberei,
es lebe der Suff und die See!

So kreuzte er in Süd und Nord
und trieb nur Unzucht, Raub und Mord.
Einst plünderte er die Stadt Gabun
und raubte Weiber, Gold, Kattun.

Da ging es rund auf allen Decks
mit Schnaps und Rabatz und Piratensex.
Dann sperrte er die Damen ein,
verkaufte sie nach Shanghai
und kerbte drei Kreuze sich ins Bein –
ahoi ahoi ohe!
Es lebe, es lebe die Seeräuberei,
es lebe der Suff und die See!

Das war der Seepirat Big Fock.
Und als er ging ins Trockendock,
er war so berühmt wie einst verschrien.
Sogar die Queen besuchte ihn
im Jahre 1710
und wollte so gern mal sein Holzbein sehn.
Kaum sah sie diesen Ladestock,
da rief sie schon: Feuer frei!
Nu kaper die Brigg, go on, Sir Fock,
ahoi ahoi ohe!
Es lebe, es lebe die Seeräuberei,
es lebe der Suff und die See!

Käptn Byebye

Käptn Byebye aus Shanghai
war ein Lumpenstrumpf,
den kannten sie alle im Hafen.
Der watete durch den dicksten Sumpf.
Mit jedem Stück ging er schlafen.
Die rote Lampe vor der Bar,
die knallte er entzwei,
und alles, was ihm sympathisch war,
das hielt er tagelang frei.
Doch wollte ihm einer irgendwas,
und das gefiel ihm nicht sehr,
dann zog er ganz einfach sein Messer raus
und beendete den Verkehr.

Das kam vom Gin, der saß ihm im Blut.
Der gab ihm auch den Rest.
Aber sonst war er von Herzen gut
und fromm und bibelfest.

Käptn Byebye aus Shanghai
war ein Rabenaas.
Und hatte er Weiber geladen,
fast immer beim zehnten, zwölften Glas,
da schrie er nach ihren Waden.
Da mußte jede auf den Tisch.
Sie mußte einfach drauf.
Und er saß da mit einem Wisch
und rief sie namentlich auf.

Gefiel ihm an einer irgendwas,
dann pfiff er sie zu sich her
und jagte die andern zur Messe raus
und beendete den Verkehr.

Das kam vom Gin, der saß ihm im Blut.
Der gab ihm auch den Rest.
Aber sonst war er von Herzen gut
und fromm und bibelfest.

Käptn Byebye aus Shanghai
war ein Satanskloß.
Im Pazifik ist er geblieben.
Doch ließ er noch eine Flasche los,
die wurde an Land getrieben.
Ein Blatt lag drin und darauf stand:
Mein Kahn wird nicht mehr flott.
Ich liege besoffen unterm Tisch
und ringe mit meinem Gott.
Ich habe keine Weiber an Bord.
Die letzte Buddel ist leer.
Und weil mir jetzt alles zum Hals raushängt,
drum beende ich den Verkehr.

Das kam vom Gin, der saß ihm im Blut.
Der gab ihm auch den Rest.
Aber sonst war er von Herzen gut
und fromm und bibelfest.

Anne Bonny

Dein Haar roch nach Branz und Granaten,
dein Busen nach irischem Lenz,
Madonna der Piraten
von New Providence!

Anne Bonny, Anne Bonny,
o Bonny, my Honey!
Ranntest deinem Kerl davon,
machtest fest bei Rackam John
auf dem stolzen Wogenrenner
und nahmst dir für die große Fahrt
hundertzwanzig Männer!

Dein Haar roch nach Branz und Granaten,
dein Busen nach irischem Lenz,
Madonna der Piraten
von New Providence!

Anne Bonny, Anne Bonny,
o Bonny, my Honey!
Leben ist ein Wort für Bauch,
Recht ist eins für Blut und Rauch,
Freiheit eins für Strafgesetze.
Und dich, my Bonny, nennt das Pack
Räuberin und Metze.

Dein Haar roch nach Branz und Granaten,
dein Busen nach irischem Lenz,
Madonna der Piraten
von New Providence!

Anne Bonny, Anne Bonny,
o Bonny, my Honey!
Warst ne Lady ganz und gar,
Leuchtsignal und Morningstar
für die hundertzwanzig Fressen.
Ein Hundertzwanzigstel von dir
hab auch ich besessen!

Dein Haar roch nach Branz und Granaten,
dein Busen nach irischem Lenz,
Madonna der Piraten
von New Providence!

Käptn Killer

Mister Miller war Destiller
seinerzeit in Miami.
Doch dann wurde er ein Killer,
der versoffenste on sea.
Weil er klein war, trug er Stiebel
mit ner Sohle, sieben Zoll! –
stellte sich auf eine Bibel,
fuhr und siegte knillevoll,
zog den Hut und rief HURRA,
GLORI – GLORI – GLORIA!
Und die ganze Bande schrie:
Käptn Killer, Käptn Killer
is the greatest on the sea!

Auf dem Staatsschiff ATALANTA,
dem er Blei ins Langholz blies,
als er nachsah – ei, was fand da
Mister Miller im Verlies?
Hundredtwenty beste Stricke,
ihm bestimmt und seinem Hauf!

Daran hängte er al punto
hundredtwenty Señors auf,
zog den Hut und rief HURRA,
GLORI – GLORI – GLORIA!
Und die ganze Bande schrie:
Käptn Killer, Käptn Killer
is the greatest on the sea!

Mister Miller fuhr bis 60,
und dann war der Ofen out.
Denn mit 60 circa rächt sich,
was man jahrelang versaut.
Grau wie eine Strandhaubitze
zerrte man ihn aus dem Kahn,
und der hangman hängte Miller
an die höchste seiner Rahn,
zog den Hut und rief HURRA,
GLORI – GLORI – GLORIA!
Und ganz Portorico schrie:
Käptn Killer, Käptn Killer
is the greatest on the sea!

Big-Bomb-Dolly aus Dover

Wir kommen mit dem Walfischkahn
zweimal im Jahr nach Haus.
Ne Wolke Dunst von Lebertran,
die weht dem Pott voraus.
Wir mähen unser Sauerkraut
und wetzen in die Stadt,
weil die perfekte Seemannsbraut
uns längst gerochen hat. –:

Das ist die Big-Bomb-Dolly aus Dover,
ahoi, ohé!
Und die hat Sprengstoff unterm Pullover,
ahoi, ohé!
Die macht Feuer
aus der Heuer
in der Pinte an der See,
daß die Flusen nur so brennen
und die Leute in Calais
nachts die Zeitung lesen können!
Ahoi, ohé!

Sitzt mal der Käptn abgebrannt
in Schulden und in Gin,
dann gehen wir mit Fisch an Hand
und ohne Piepen hin.
Die Dame ist nicht lasterhaft,
drum rechnet sie genau.
Sie nimmt für ihre Einsatzkraft
zwei Zentner Kabeljau. –:

Das ist die Big-Bomb-Dolly aus Dover,
ahoi, ohé!
Und die hat Sprengstoff unterm Pullover,
ahoi, ohé!
Die macht Feuer
aus der Heuer
in der Pinte an der See,
daß die Flusen nur so brennen
und die Leute in Calais
nachts die Zeitung lesen können!
Ahoi, ohé!

Es bleibt nicht aus, daß unser Pott
den letzten Kai bezieht.
Im Seemannsheim »Zum lieben Gott«
gibt's nichts auf dem Gebiet.
Doch findet unser scharfer Blick
das ferne Leuchtsignal.
Denn unten brennt ja noch zum Glück
das Feuer am Kanal! –:

Das ist die Big-Bomb-Dolly aus Dover,
ahoi, ohé!
Und die hat Sprengstoff unterm Pullover,
ahoi, ohé!
Die macht Feuer
aus der Heuer
in der Pinte an der See,
daß die Flusen nur so brennen
und die Leute in Calais
nachts die Zeitung lesen können!
Ahoi, ohé!

Die stramme Hafenlili

In einem Neste lebten wir
auf Ringvatsö zu dritt.
An einer Dame klebten wir,
in einer Wolke schwebten wir
von Fusel und von Sprit.

Die stramme Hafenlili war
am Abend unser Ziel.
Sie hatte Klettenöl im Haar,
bediente ständig an der Bar
und soff wer weiß wie viel.

Sie hatte ihren Mann im Loch
auf lebenslänglich, und
als Witwe fühlte sie sich noch,
sobald sie an der Flasche roch,
zu rüstig und gesund.

Wir haben ihr das Maul gewetzt,
das machte uns nichts aus.
Sie hat sich für uns eingesetzt
und nahm uns alle drei zuletzt
als Mieter in ihr Haus.

Es war die allerhöchste Zeit,
denn draußen war es naß.
Sie trug die Kasse unterm Kleid,
ihr Ausschnitt, der war meilenweit
berühmt am ganzen Paß.

Wir gingen an den Ladenschrank,
kein Hahn hat da gekräht.
Und machten wir die Finger lang,
nahm einer sie im Kellergang
gehörig ins Gebet.

Und als sie ihren Job verlor,
da fiel kein böses Wort.
Wir sangen ihr ein Lied im Chor,
sie stand an Bord im Trauerflor
und dampfte aus dem Fjord.

Das Seemannsherz

Ein Seemann kam von großer Fahrt
an einen Küstenort.
Die Liebe, die er aufgespart,
trieb mächtig ihn von Bord.
Die Dame, welche er dort fand,
und die so zärtlich war,
erhängte sich am Strumpfenband
in der Matrosenbar.
Der Seemann sprach: Es war so schön,
doch nun ist es vorbei!
Ich kann dich so nicht baumeln sehn,
sonst bricht mein Herz entzwei.

Nein, nein, das Seemannsherz
ist nicht von Eisen.
Nein, nein, das Seemannsherz
ist weich wie Priem.
Drum soll der Seemann schleunigst weiterreisen,
wird ein Verhältnis plötzlich zu intim.

Er ging an Bord und seilte weg
an einen andern Strand,
wo er in einem Hafeneck
'ne neue Liebe fand.
Die Dame gab im Überfluß,
woran der Seemann knapp.
Da schnitt er ihr beim letzten Kuß
die Strumpfenbänder ab

und sprach: Du wirst mich nicht verstehn,
das ist auch einerlei.
Doch kann ich dich nicht baumeln sehn,
sonst bricht mein Herz entzwei.

Nein, nein, das Seemannsherz
ist nicht von Eisen.
Nein, nein, das Seemannsherz
ist weich wie Priem.
Drum soll der Seemann schleunigst weiterreisen,
wird ein Verhältnis plötzlich zu intim.

Dully-Port

Dully-Port,
lieber Mann,
isn Ort –
alles dran!

Kommst vom Pott,
willst Amour –
nix Cocott,
nix auf Tour.

Suchste Schwof,
fragste rum –
Leute doof.
Gucken dumm.

Ziehste los,
denkste: klappt,
wirste bloß
wo geschnappt.

Finstn Inn
bei den Docks –
keine drin.
Bloß Gesocks.

Siehste black –
rauscht was rein!
Denkste: Mac,
haste Schwein!

Riechste Lenz,
denkste: fit,
kommtn Stenz,
nimmtse mit.

Isser fies –
ziehste Knief.
Kommt Police –
liegste schief.

Kriegste Knast –
sindse stur!
Pott verpaßt,
nix Amour!

Dullyport-Song

Wir kamen mal nach Dullyport,
da schwamm uns unser Schlitten fort.
Die Pinten hatten dicht gemacht;
wir stiemten fluchend durch die Nacht.
Im Hafen brannte nirgends Licht,
uns fiel der Priem aus dem Gesicht.
Linkes Bein,
rechtes Bein –
hier war nichts zu shanghain.

Wir kamen vor die »Muschelbai«,
da ging uns das Portal entzwei.
Der Stenz vom Nachtdienst quatschte frech
von Polizei und Künstlerpech
und machte die Kanone klar.
Wir zeigten schnell das Nackenhaar.
Linkes Bein,
rechtes Bein –
hier war nichts zu shanghain.

Klock fünf ging uns der Ofen aus.
Da fanden wir ein Boardinghaus.
Ein Schild hing drüber »Pietät«,
und schleunigst wurde beigedreht.
Ein Boß aus Gips stand im Lokal,
die Kojen waren schwarz und schmal.
Linkes Bein,
rechtes Bein –
wir paßten grade rein.

Ole Pinelle

Vor der Hafenverwaltungsbaracke,
in einer Wolke von Rum,
sitzt Ole Pinelle,
den Priem in der Backe,
und unterhält sein Publikum:

Hab mal mit einem gefahren,
und Paddy hieß dieser Spund.
Der war der größte Saufaus
von ganz Port Helasund.
Der saß voll Sprit und Galle,
und wenn er ins Wasser spie,
dann verreckte gleich jede Qualle,
so giftig war das Vieh.
Kalkuliere, muß wieder mal tanken,
wer von die Herren ist dran?
Ne kleine Butalje für 'n kranken,
erzchristlichen Steuermann.

Und dann nimmt er die Flasche
ohne ein Wort
und gießt sie runter!
Und dann fährt er fort:

Kam mal ein gewaltiger Brecher,
der wischte Paddy von Deck.
Und unten schwamm ein Haifisch,
der schnappte sich ihn weg
und wollte ihn fertigmachen,

doch Paddy, der hielt sich frisch.
Er spuckte ihm in den Rachen,
und da verschied der Fisch.
Kalkuliere, muß wieder mal tanken,
wer von die Herren ist dran?
Ne kleine Butalje für 'n kranken,
erzchristlichen Steuermann.

Und dann nimmt er die Flasche
ohne ein Wort
und gießt sie runter.
Und dann fährt er fort:

Einst kam er sinnlos besoffen
ins Obdachlosenasyl.
Da fand er eine Alte,
und die versprach ihm viel.
Doch als die dürre Kruppe
ihm schließlich zum Hals raushing,
da spuckte sie ihm in die Suppe,
daß er zugrunde ging.
Kalkuliere, muß wieder mal tanken,
wer von die Herren ist dran?
Ne kleine Butalje für 'n kranken,
erzchristlichen Steuermann.

Und dann nimmt er die Flasche,
macht sie gleich leer,
und rülpst noch einmal
und lebt nicht mehr.

Vor der Himmelsverwaltungsbaracke,
auf einer Wolke von Schnee,
sitzt Ole Pinelle
in weißer Schabracke –
und spinnt Geschichten von See:

Hab mal mit einem gefahren,
und Paddy hieß dieser Spund.
Der war der größte Saufaus
von ganz Port Helasund.
Der saß voll Sprit und Galle,
und wenn er ins Wasser spie,
dann verreckte gleich jede Qualle,
so giftig war das Vieh.
Kalkuliere, muß wieder mal beten,
wer von die Engel macht mit.
Da beten sie alle betreten
und denken an Rumverschnitt.

Nur einer säuft heimlich
im Hintergrund,
und das ist Paddy
von Port Helasund.

Wenn einer ist ein armer Hund
Bänkellied

Wenn einer ist ein armer Hund,
und lebt er an der Nordsee und
hungert in der Kate,
wird er meist Pirate /
wird er meist Pirate.

Als solcher filzt er manchen Pott,
denn nährt ihn nicht Herr Zebaoth,
tuts der Düvel eben.
Auch ein Hund will leben /
auch ein Hund will leben.

Freiwillig gibts kein Krämer her,
doch die Piratenaxt ist schwer
und das Knief im Stiebel
besser als die Bibel /
besser als die Bibel.

So beutet er paar Jahre frei,
kriegt Rheuma und verlaust dabei.
Ist dann voll die Kiste,
wird er Ziviliste /
wird er Ziviliste.

Erst sieht er aus wie Gruselmann,
dann frißt er sich ne Plautze an –
dann geht alles druffe
bei Schanuff im Puffe /
bei Schanuff im Puffe.

Ist dann die Wampe wieder flach
und bleibt ihm nur die Lues nach,
warnt er alle Maaten:
Werdet nie Piraten /
werdet nie Piraten!

Und die Moral: Ein armer Hund
lebt an der Nordsee ungesund.
Dort lebt man als Reeder
besser als jedweder /
besser als jedweder!

VII. Moderne Balladen

Die Ballade vom Mäuseschwanz

Einst kam im grauen Mäusereich
ein Herrscher auf den Thron,
der hatte einen kurzen Schwanz.
Allein, was tat das schon?

Doch war er stolz auf diesen Schwanz
und hielt nur ihn für gut.
Die andern Schwänze nannte er
ein teuflisch Attribut.

Des Königs Schwanz war siebzigfach
beringt. Das wurde Norm.
Mit einundsiebzig Ringen schon
verletzte man die Form.

Er sagte: Mehr als siebzig sind
kaum tragbar und gesund!
Wer mehr als fünfundsiebzig hat,
der ist ein Schweinehund.

Die Mäuse glaubten seinem Wort
und krochen auf den Leim.
Da fiel manch stolzer Mäuseschwanz
dem Henkerbeil anheim.

Doch wurde jeder Zagelstumpf
zum flammenden Fanal.
Der Haß erblühte im Quadrat
der eingebüßten Zahl.

Da plötzlich stürzte der Tyrann
im Taumel einer Nacht.
Die massakrierte Mäuseschar
kam nach ihm an die Macht.

Sie holten sich die Henker her,
die ehedem regiert,
und wer da einen Schwanz besaß,
dem wurde er kupiert.

Viel Klage gab es und Geschrei.
Manch Auge wurde naß.
Die Wunden heilten mit der Zeit,
und wieder wuchs der Haß.

Und wieder brach ein Morgen an
im grauen Mäuseland,
da hatten schon die anderen
das Messer in der Hand.

So hackte eins ums andre Mal
man über tausend Jahr,
bis keine Maus mehr eine Maus
mit einem Schwanz gebar.

Versunken war in Haß und Pein,
was alle Mäuse schmückt.
Zurück blieb nur die nackte Angst
mit grauem Fell bestückt.

Wie Kieselsteine lag das Volk
der Mäuse Maus bei Maus.
Denn sagte eine mehr als Zipp –
dann hieß es: Messer raus!

Wartesaal-Ballade

Der Zug ist entgleist.
Neue Abfahrtszeit wird noch bekanntgegeben.
Abwarten, Teetrinken.
Der Tee ist alle.
Abwarten, Schnapstrinken.
Der Schnaps ist alle.
Abwarten, Scherbenmachen.
Die Scherben sind gemacht
der Zug ist entgleist
die Geduld ist abgefahren.
Wir brennen den Wartesaal an.
Wir lochen den Schaffner
und vergewaltigen
ein bißchen die Damen am Schalter.
Das war alles sehr nett
– aber was nun?
Der Bahnhof ist abgefahren
die Geduld ist entgleist.
Da müssen wir wohl
so leid es uns tut
uns gegenseitig den Hals abschneiden.
Bei diesem Geschäft geht uns auf
worauf wir so lange gewartet haben.

Sam Baker
Song für den Marktgebrauch

Sam Baker wollte die Welt verbessern,
doch fing er es am falschen Ende an.
Okay, er gab es ein paar kleinen Fressern,
an die großen kam er gar nicht dran.
Und niemals kam er auf den Gedanken,
gemeinsam so ein Superding zu drehn.
Er fühlte sich wie'n King auf seinen Planken:
wollte siegen oder untergehn.

Seid euch einig, kleine Maker,
macht es nicht wie Sammy Baker,
der für Recht und Freiheit kämpfte
mit 'ner Kiste Munition,
mit viel Mut, der nur verpuffte,
einer Wut auf alle Schufte –
sozusagen einer Art von Religion.

Deshalb, weil der kleine Mann
nichts allein bekleistern kann
gegen Money, Macht und Tradition:
Seid euch einig, kleine Maker,
macht es nicht wie Sammy Baker,
der mit seiner Mannschaft vor die Hunde ging,
als er sich an große Haie wagte
und man ihn wie'n Hasen jagte,
bis –
er hing!

Sei einer noch so gerecht und mutig
und außerdem nicht mal auf Ruhm erpicht:
Mut – schön und gut. Der Schluß ist immer blutig.
Denn Pik solo geht es eben nicht!
Und die da glauben ans große Wunder,
die nahmen auf dem falschen Dampfer Platz.
Kommt nicht aus tausend Rohren Dauerzunder,
sind auch Heldentaten für die Katz.

Seid euch einig, kleine Maker,
macht es nicht wie Sammy Baker,
der für Recht und Freiheit kämpfte
mit 'ner Kiste Munition,
mit viel Mut, der nur verpuffte,
einer Wut auf alle Schufte –
sozusagen einer Art von Religion.

Deshalb, weil der kleine Mann
nichts allein bekleistern kann
gegen Money, Macht und Tradition:
Seid euch einig, kleine Maker,
macht es nicht wie Sammy Baker,
der mit seiner Mannschaft vor die Hunde ging,
als er sich an große Haie wagte
und man ihn wie'n Hasen jagte,
bis –
er hing!

148

Ballade vom Kalfakter Ey
und den sechs schweren Kartuschen

Unter der Junisonne,
am Rande der Bahn,
Kalfakter Ey mit der Hackkolonne
beackert den Zuckerrübenplan.
Die Trompa-Guste, die Buschen,
Geschwister Treffehn und die Dahl:
dreimal zwei schwere Kartuschen
und ein Korporal.

Kommt der Zwölfuhrzug, ist Pause.
Die Trompa, Busch und Treffehn
trotten zum Essen nach Hause.
Die Dahl kann nicht gehn.
Sie hat eine Blase am Fuß
und muß sich schonen.
Mit dem Henkeltopf voll Apfelmus
humpelt sie hinter die Stangenbohnen.

Da hat sie die Blase vergessen.
In einer Senke im Dill
sitzt Ey schon beim Essen,
weil er auch nicht nach Hause will.
Er darf ihr den Topf auslecken.
Sie kämmt sich dabei.
Dann spielen sie Löffelverstecken
bis viertel vor zwei.

Um vier Uhr platzt der Inspektor
wie ein Geschoß
in den Zuckerrübensektor,
hoch zu Roß.
Stramm der Kalfakter brüllt:
Ey mit Kolonne bei Arbeit in Rüben!
Der Inspektor entschwcbt in Staub gehüllt
und Ey mit der Busch bis viertel vor sieben.

Unter der Junisonne,
am Rande der Bahn,
Kalfakter Ey mit der Hackkolonne
beackert den Zuckerrübenplan.
Die Trompa-Guste, die Buschen,
Geschwister Treffehn und die Dahl:
dreimal zwei schwere Kartuschen
und ein Korporal.

Die Ballade vom Posamenter
oder
Klasse hin, Klasse her, wenn das
Gemüse man stimmt

Es lebte ein Posamenter
gediegen und vorteilhaft
mit einem Fräulein von Venter
in geschäftlicher Partnerschaft.

Er pflegte ihr Polster und Deckchen
und prüfte den Federkern.
Er befummelte jegliches Fleckchen,
denn sie hatte das Fummeln gern.

Er steckte ihr Troddeln, Bordüren
und Quasten an den Balkon
und unter den Küraß zum Schnüren
einen prächtigen Champignon.

Das Panische dieses Emblemes
nahm sie von vornherein –
zumal sie nur Angenehmes
empfand – für denselben ein.

Nun war sie nicht unerfahren
in Sachen der Mythologie;
doch diesen so Elementaren,
nur diesen wollte sie.

Sie zählte zwar zu den Notabeln –
er war ein Knilch auf Eis –
doch ließ sie ihm ihre Parabeln
noch unter dem Einkaufspreis.

Wie spuckte der Herr von Venter,
wie kochte der Adelsstolz!
Und dann sah er den Posamenter
und wußte: hier stimmt das Holz.

Bald bimmelte die Eglise.
Längst sind sie ein Gespann.
Es kommt nur auf das Gemüse
und die Posamentierung an.

Kleine Banditen-Ballade

Tief in Urwald Brasiliano
auf Plantage von Banano
wohnen Signor Don Juano
mit sein Schatz.
Signor spielen Pianino,
Donna liegen, trinken Vino
auf Matratz.
O, prosito, sito, sito,
il finito, nito, nito,
erster Satz.

Plötzlich krauchen aus Jasmino
mit sein altes Carabino
böser Räuber Petrolino,
leis wie Katz.
Schreien: Her mit die Peseto!
Schießen Löcher in Tapeto,
batz, batz, batz.
O, prosito, sito, sito,
il finito, nito, nito,
zweiter Satz.

Signor schmeißen mit Pantino,
treffen Kerze Stearino,
alles duster wie in Kino
und Rabatz.
Aber Donna mit Caracho
knallen Räuber tacho, tacho
was vor'n Latz.

O, prosito, sito, sito,
il finito, nito, nito,
dritter Satz.

Mausetot sein Petrolino,
nix mehr trinken wieder Vino,
auch nix rauchen mehr Flor fino,
nix mehr Schatz!
Donna schleppen aus Baracko
bösen Räuber Huckepacko
weg von Platz.
O, prosito, sito, sito,
il finito, nito, nito,
vierter Satz.

Tief in Urwald Brasiliano
spielen Signor Don Juano,
Donna singen zu Piano
schön wie Katz.
Alten bösen Banditillio
längst gefressen Krokodillio
mit sein Schatz.
O, prosito, sito, sito,
il finito, nito, nito,
letzter Satz.

Herr Rhode
oder
Die Ballade vom letzten Wanderer

Im Vereinslokal »Zum Stecken«
hält »Wanderniere 04«
diesjähriges Wiederentdecken
bei Bums und Bier.

Herr Rhode, ein zünftiger Wanderer,
das Kinn in den Kropf gepreßt,
namens verhinderter anderer,
heißt willkommen zum Stiftungsfest.

Er geißelt mit greller Kehle
den Motor als Daseinsgefahr
in puncto Natursinn und Seele,
was früher ganz anders war.

Die jungen Motorradschekse
von der Theke her, leicht bestußt,
mit biergetränktem Kekse
verhöhnen die Wanderlust.

Gleich wimmert die Drahtkommode,
und die Trompete schreit.
Nach dem ersten Pflichttanz Herr Rhode
sich macht an der Theke breit.

Er trinkt auf der seligen Gründer
Gedächtnis. Und weint.
Und wünscht den Verein zum Schinder,
der ihm verwahrlost erscheint.

Schon setzt es gefährliche Schläge,
weil Herr Rhode mit zwei pro Mill
und dem Bierglas die Wanderpflege
dem Nachwuchs einhämmern will.

Ein Tusch – beschwörende Rufe –
ein Hieb! Ein schlackerndes Kinn.
Verbogen zur Schlittenkufe,
sinkt der letzte Wanderer hin.

Des Heizers Traum
Ostpreußische Ballade vom schönen Heimatlandgefühl

Klock drei: der Heizer träumt rasant
von Jugendzeit im Heimatland.
Jott Vater sitzt auf Wolkenbank
bei einer Flasche Bärenfang,
ißt Kuddeln und läßt Beine schlurn –
ein Fuß ist jrößer als Masurn –
das Jungche unten steht und schnappt
sich wech, was aus der Satte schwappt.
Da hat er ihm auch schon bemerkt
und winkt ihm jütich und jestärkt.

Um vier Uhr jraut der Morjen fahl.
Der Heizer steijt vom Ehjemahl.
Der Wecker schrillt, die Diele kracht,
das Heimweh wird im Bauch gemacht
(und bringt den' oben im Verein
natürlich scheen Penunse ein!).

Palmnicken an der Küchenwand
ist auch von wejen Heimatland.
Er braucht es nicht – nicht unbedingt –:
da bad't er, wenn er Kaffee trinkt.

Nicht, daß er dort jern leben mecht,
denn schließlich hier jeht ihm nicht schlecht!
Er hat im Kopp kein scharfes Ziel –
bloß so sein Heimatlandjefühl.

Steht er dann auf der Jüterlok,
fährt jeistich über Jüterbog
er von Stettin nach Kenigsbarj –:
jleich strahlt er wie ein Kindersarj.
Nicht, daß das etwa heißen sollt,
er hätt es jern erobern wollt –
doch wenn sie alle Heimat schrein,
kann er doch nicht dajejen sein!

Hier bunkert er, heizt nochmal durch
und braust dann ab nach Insterburj.
Von da ist bloß noch Augenblick –:
schon ist er drin im scheenen Lyck,
rangiert und kachelt wieder ein
und fährt zurück nach Allenstein.
Hier jibt er die Parole aus:
Mein Heimatland ist mein Zuhaus!
Die Polen denken darauf prompt:
Jetzt raucht, und Nemietzki kommt!

Das war ja doch man bloß Jefopp!
Denn Beeses hat er nicht im Kopp.
Nicht, daß er da jern leben mecht –:
hier jeht ihm schließlich jarnicht schlecht!
Im Jrunde ist es ihm ejal.
Hat Eijenheim in Frankenthal!

Die Seen, Allenstein und Lyck –:
natürlich denkt er jern zurück!
Und morjens, allemal um vier
sieht er Palmnicken links der Tür –:
da kommt schon Heimatlandjefühl!!
Er hat jewiß kein scharfes Ziel,
doch wenn sie alle Heimat schrein,
dann kann er nicht dajejen sein!

Manövertragödie
oder
Die Ballade vom friedlichen Soldatentod
auf grüner Heide

War einst auf grüner Heide
wohl eine Panzerschlacht.
Die wurde auch im Getreide
und nur zum Spaß gemacht.

Da fiel auch ein Muskote,
der sollte durch das Moor.
Es kommen Soldaten, tote,
nicht nur im Kriege vor.

Er dachte wohl viele Male
an wärmende Gegenständ,
auch an die Horizontale
zum Wochenend.

Da sah eine Schnucke er liegen
im grünen Majoran.
Die sagte: Aufgestiegen,
ich bin die Straßenbahn!

Der Mann, ganz von den Socken,
folgte der Dame ins Korn.
Sie sprach: Hier ist es trocken.
Verteidige dich nach vorn!

Er klappte wehrdienstpflichtig
herunter das Visier.
Sie sagte: Liege ich richtig,
Herr Unteroffizier?

Sie kämpften noch Backe an Backe
gar wacker in der Flur,
als sie die Kakerlake,
die große, überfuhr.

Dem Hauptmann brachen die Ohren,
doch rief er stolzen Muts:
Ich habe mein Weib verloren
und einen Mann – was tuts?

Und rollte mit seinen Kanonen
wohl über die grüne Heid
und über die grünen Bohnen
für Deutschlands Sicherheit.

Mit Leichen leben
Bänkelballade für Vorsänger und Chorus

In einem Schnellimbiß hing eine Leiche.
Da hatte sich vor Jahren wer erhängt.
Kein Gast bemerkte sie in dem Bereiche,
weil wenn man ißt, man nicht an Leichen denkt.

Wer denkt an so etwas,
wenn er nicht daran denkt?
Das Denken hat
schon immer angestrengt.

Wenn einer kaut, dann denkt er mit der Backe,
und wenn er Durst hat, denkt er an den Brand.
Und sieht er dann ne Leiche, denkt er: Macke!
Das kann nicht sein! Und wenn schon: allerhand!

Wer denkt an so etwas,
wenn er nicht daran denkt?
Das Denken hat
schon immer angestrengt.

An einem Sonntagabend im Oktober
fiel einem Gast die Leiche aufs Besteck.
Zum Glück bemerkte es noch der Herr Ober
und schaffte diese unauffällig weg.

Wer denkt an so etwas,
wenn er nicht daran denkt?
Das Denken hat
schon immer angestrengt.

Die Nummer vier der Straßenbahn nach Barmen,
die lenkte ein sehr zuverlässger Mann.
Weils schneite, sah er nicht das Fräulein Carmen,
die rutschte aus – da fuhr er auch schon an.

Wer denkt an so etwas,
wenn er nicht daran denkt?
Das Denken hat
schon immer angestrengt.

Die Dame schrie, sie konnte schrecklich schreien,
der Rettung ihres Lebens zum Behuf.
Der Schaffner dachte: Schreit da was im Freien?
Doch war das Denken nicht sein Hauptberuf.

Wer denkt an so etwas,
wenn er nicht daran denkt?
Das Denken hat
schon immer angestrengt.

Er fuhr nach Barmen, und er schob seit Stunden
schon eine Schneelawine vor sich her.
Das Fräulein, das darin total verschwunden,
schrie immer noch, doch hörte mans nicht mehr.

Wer denkt an so etwas,
wenn er nicht daran denkt?
Das Denken hat
schon immer angestrengt.

Es sah am siebten Ersten, als es plötzlich
so glatt war auf der Autobahn nach Trier,
Herr Prillnitz ein Gespenst, das war entsetzlich
entstellt und stöhnte wie ein wildes Tier.

Wer denkt an so etwas,
wenn er nicht daran denkt?
Das Denken hat
schon immer angestrengt.

Herr Prillnitz gab schnell Gas; im Morgengrauen
auf nüchtern Magen so viel roten Saft!
Ein neues Auto – und es gleich versauen –?
Wer übernimmt schon, dachte er, die Haft?

Wer denkt an so etwas,
wenn er nicht daran denkt?
Das Denken hat
schon immer angestrengt.

Als er tags darauf an der bewußten Stelle
den Mann bekam noch einmal zu Gesicht,
hielt Prillnitz und erschlug ihn mit der Kelle,
denn so viel Mitleid gibt es einfach nicht!

Wer denkt an so etwas,
wenn er nicht daran denkt?
Das Denken hat
schon immer angestrengt.

Ballade
Piepels krummen Nacken, seine Borniertheit,
wie seine großsprecherisch-devote
Fresse betreffend

Piepel, du sielst dich mit Pose;
hast deinen Krimi im Topf
und den Kopf in der Hose,
wie immer, du Tropf!

Du knufftest mal für Fusel!
Jetzt ist dein Roller lackiert.
Piepel, du hast noch Dusel,
daß man dir Blech serviert!

Du darfst im Teakstall quesen,
Kühlschrankkapitalist!
Du schlägst auch auf den Tresen,
wenn du besoffen bist.

Du hältst sie für solidarisch,
die oben? Du armes Gestell!
Sie gerbten dir disziplinarisch
doch tausendmal das Fell!

Mit siebzig mal siebenzig Hufen
Wind hinterm Klo
stellst du dich auf ihre Stufen,
du Floh?

Ihr zögt an einem Strange
durch jegliche Kalamität?
Fragt sich nur, wer an der Stange
und wer dahinter geht!

Die hätten Kultur unterm Scheitel?
Piepel, ich schreie Kakao!
Kultur – ist ihr Badebeutel
und ihre Tittenschau!

Man kann dich entbehren, Panze,
brummt erst der Automat.
Dann verkauf deinen Deez, du Wanze,
als Kopfsalat!

Der Autoritäts-Song

Reichst einem du den Finger hin –
er nimmt die ganze Hand.
Und gibst du nach – zwei Finger breit,
drückt er dich an die Wand.
Kotzt du dabei die Seele aus,
erkennst du dies zu spät:
Die Pleite kam aus Mangel nur
an Autorität.

Das Leben hat mich hart gemacht
und wachsam außerdem.
Die Tour dahin, die war, verdammt,
nicht immer ganz bequem.
Wenn euch die dumme Freundlichkeit
erst nach und nach vergeht,
begreift ihr die Notwendigkeit
der Autorität.

Laß einen leben, wie er will,
gib alles diesem Mann:
Er reißt dir doch das Auge aus,
weil er es darf und kann.
Die Freiheit wird zur Plage nur,
wenn sie zu groß gerät.
Und darum: Man beschneide sie
mit Autorität.

So mancher grüne Stinker hier
scheißt klug und seift euch ein.
Mich nicht. Ich höre höflich zu
und hau ihm eine rein.
Es ist und bleibt ein wahres Wort:
Wo noch ein Gockel kräht,
verliert der ältere sofort
die Autorität.

VIII. Lieder

Lebenslauf eines ängstlichen Mannes
Eine Bualaladiade

Achherein war noch so klein,
da kam er auf die Welt.
Da kam er an das Licht der Welt,
weil es ihm nicht anheimgestellt.
Die Mutter lag im Wochenbett,
weil sie ihn gern geboren hätt.
Komm, bat sie, Kind, es muß doch sein.
Ich trau mich nicht, sprach Achherein.

Achherein war noch so jung,
da kam er in die Schul.
Da kam er in die Knabenschul.
Der Lehrer saß auf einem Stuhl.
Ihr Kinder, sprach er, gebet acht,
dass keines sich ins Höschen macht.
Wer raus muß, hebt sein Fingerlein.
Ich trau mich nicht, sprach Achherein.

Achherein war alt genug,
da kam er in die Lehr.
Da kam er in die strenge Lehr,
denn Metzger sollte werden er.
Am Morgen, als geschlachtet ward,
hat er den Meister angestarrt.
Der rief voll Ärger: Stich das Schwein!
Ich trau mich nicht, sprach Achherein.

Achherein war noch so dumm,
da kam er in die Stadt.
Da kam er in die große Stadt.
Er war ein unbeschrieben Blatt.
Ein schönes Fräulein, das er nie
gesehen hatte, sprach: Chérie,
komm mit, ich wohne ganz allein.
Ich trau mich nicht, sprach Achherein.

Achherein war groß und stramm,
da mußt er in den Krieg.
Da ward er in den Krieg geschickt
und hätt sich gern davon gedrückt.
Der Hauptmann aber rief: Hurra,
die Fahne hoch, Viktoria,
mir nach, der Sieg wird unser sein!
Ich trau mich nicht, sprach Achherein.

Achherein war so allein,
da ging er auf die Freit.
Da ging er auf die Freite aus
und nahm ein altes Weib ins Haus.
Die zog ihn vor den Traualtar.
Der Pfarrer sprach: Willst du fürwahr
Dem Weibe treu ergeben sein?
Ich trau mich nicht, sprach Achherein.

Achherein war alt und grau,
da wünscht er sich den Tod.
Da wünschte er den Tod herbei.
Doch als er kam, kroch eins, zwei, drei,
ins Federbette er und tat,
wie wenn er tief im Schlafe grad.
Du wolltest sterben? rief Freund Hein.
Ich trau mich nicht, sprach Achherein.

Achherein war endlich tot,
und lag in seinem Sarg.
Er lag in seinem Sarge kaum –
die Glocken läuteten: Bim-Baum.
Zum Friedhof ward er flugs gebracht –
da lüpfte er den Deckel sacht
und sah besorgt ins Grab hinein.
Ich trau mich nicht, sprach Achherein.

Achherein geht um im Land
mit ängstlichem Gesicht.
Mit käseweißen Lippen spricht
er immerfort: Ich trau mich nicht.
Wenn du dir nicht zu helfen weißt
und jammern willst, erscheint sein Geist.
Er sagt nicht ja, er sagt nicht nein.
Ich trau mich nicht, spricht Achherein.

Die Satansbraut

Es dreht sich deine Mühle
so lustig auf dem Bühl.
O Müllerin, du Schlimme,
was treibst du im Gestühl?

Ich mahle lauter Herzen,
die mir verfallen sind.
Ich mahle sie zu Pulver
und streu es in den Wind.

O Müllerin, du Wilde,
wie blutig ist dein Korn!
Bewahr dich vor dem Satan
und seinem spitzen Horn!

Ich brauch mich nicht zu wahren,
wir sind ja gut vertraut.
Er treibt mir meine Mühle,
und ich bin seine Braut.

Flickebüdel Naseweis
Lied vom Damenschneider

Flickebüdel Naseweis,
o, wie ist die Nadel heiß!
Falten, heften und drapieren,
jede will gleich anprobieren.
Säumen, schneiden, steppen, nähen,
bis die Hähne morgens krähen.
Dann erst steigt er in sein Bett.
Darum wird kein Schneider fett.

Flickebüdel Naseweis,
o, wie ist die Nadel heiß!
Denn bei all den jungen Mädeln
ist der Faden einzufädeln.
Und bei mancher guten Alten
darf das Eisen nicht erkalten.
Elle, Schere, Nadel, Zwirn –
doch den Vorrang hat die Dirn.

Flickebüdel Naseweis,
o, wie ist die Nadel heiß!
Schneiderhandwerk ist gefährlich,
und wie leicht ist das erklärlich:
sitzt die Spitze erst im Daumen,
fällt die Zunge aus dem Gaumen –
plötzlich ist das Nähgarn knapp,
und es läuft die Spule ab.

Sommerspiel im hohen Gras

Es hatten zwei einander lieb,
die just der Wind zusammentrieb
auf seinen Wanderzügen.
Da fanden beide noch und noch
am Spiel der Maus vor ihrem Loch
im hohen Gras Vergnügen.

Der Wind, der alte Kuppler, schlich
ganz leise durch den Wegerich
und trieb die kleine Mühle.
Doch als er wüst im Ginster pfiff
und sich an ihrem Nest vergriff,
da krachte das Gestühle.

Das Sommerglück im Gras zerstob.
Sie gingen, wie der Wind sie schob.
Weiß keines mehr vom andern.
Vielleicht, daß, wenn der Schnee vom Nest
nur ein paar Halme sehen läßt,
sie dort vorüberwandern.

Kunkelsuse

Kunkelsuse,
pralle Bluse,
vorne hui
und hinten pfui.
Schiefe Hacken,
Dreck im Nacken.
Geht sie schippen,
geht sie schnippen –
immer hat sie rote Lippen.

Kunkelsuse,
pralle Bluse,
vorne hui
und hinten pfui.
In der Küche,
auf dem Striche,
macht sie reine,
zieht sie Leine –
immer zeigt sie ihre Beine.

Kunkelsuse,
pralle Bluse,
vorne hui
und hinten pfui.
Bei Musikern
und Budikern
in der Stampe
sitzt die Schlampe,
gießt sich einen auf die Lampe.

Kunkelsuse,
pralle Bluse,
vorne hui
und hinten pfui.
Jedem Kerle
folgt die Perle
in die Kletten,
in die Betten –
und dann will sie Zigaretten.

Das Ziegenmelken

Überm Tannenschlag droben,
auf 'm Berg hoch oben,
weiden Vronis weiße Ziegen
zwischen Wurz und roten Nelken.
Und sie kommt mit ihrer Mutter,
und die Alte sammelt Futter,
aber Vroni, die muß melken.

Überm Tannenschlag droben,
auf 'm Berg hoch oben,
flach wie'n Fladen auf der Platte,
lieg ich heimlich auf der Lauer;
denn die Alte darf nichts wissen
von den vielen heißen Küssen,
sonst verprügelt mich der Bauer.

Überm Tannenschlag droben,
auf 'm Berg hoch oben,
kau ich zornig an den Nägeln,
spucke fluchend in die Nelken,
bis die Alte mit den Kannen
runterhumpelt durch die Tannen.
Aber Vroni muß noch melken.

Überm Tannenschlag droben,
auf 'm Berg hoch oben,
in der kleinen warmen Delle,
sind wir wunderbar alleine.
Nur die Wolken und die Ziegen
sehn uns beieinander liegen,
und die schweigen wie die Steine.

Überm Tannenschlag droben,
auf'm Berg hoch oben,
werden wir uns nie mehr finden
zwischen Wurz und roten Nelken.
Vronis Mutter hat verpachtet,
ihre Ziegen sind geschlachtet,
und nun kommt sie nicht mehr melken.

Das Mannsbackelied
(Zweite Fassung)

Back, Babuschka, back mir, back mir einen Mann!
Back mir einen Wazwab, einen Mickel Jan!
Back mir Mann mit Schnurrbart, aber ohne Speck!
Back mir einen Stjenka, einen Januschek!

Mann zu backen is nich gutt,
hibsche Marienka.
Drickste bissel, geht kaputt
so geteigter Stjenka.
Back ich ihn mit Roggen,
isser viel zu trocken.
Back ich ihn mit Kleie,
kennt er keine Treie.
Back ich mit Kapusta,
hat er harte Krusta.
Back ich mit Potate,
wird er gleich Soldate.
Back ich ihn mit Fischel,
hat er nix im Nischel.
Back ich mit sechs Eier,
wird er viel zu teier!

Strick, Babuschka, strick mir, strick mir
                              einen Mann!
Strick mir einen Wazwab, einen Mickel Jan!
Häng ihn mit auf Biggel vor die Kammertier!
Strick mir einen Stjenka, einen Jaromir!

Mann zu stricken is nich gutt,
hibsche Marienka.
Hakste an, gleich is kaputt
so gestrickter Stjenka.
Strick ich ihn zu lose,
schlantert ihm die Hose.
Strick ich ihn mit Ropfen,
mußte immer stopfen.
Strick ich ihn aus Flause,
sitzt er gleich voll Lause.
Strick ich ihn aus Flusen,
kratzt er dir an Busen.
Laß ich fallen Masche,
wird er eine Flasche.
Strick ich ihn aus Zwillich,
isser viel zu billig!

Schnitz mir, Panje, schnitz mir, schnitz mir
                                    einen Mann!
Schnitz mir einen Wazwab, einen Mickel Jan!
Schnitz mir Mann mit Bamsel, aber nich zu grien!
Schnitz mir einen Stjenka, einen Jaruschin!

Mann zu schnitzen is nich gutt,
hibsche Marienka.
Hat nich Murre, hat nich Blutt
so geschnitzter Stjenka.
Schnitz ich ihn aus Weichsel,
isser storr wie Deichsel.
Schnitz ich ihn aus Eiche,
isser kiehl wie Leiche.
Schnitz ich aus Kastanie –
wird er doch kein Panje.

Himmel, Sterz und Greben –
nimm doch Mann aus Leben!
Brauch nich erst zu schnitzen –
tut doch bei dir sitzen,
nebben dir auf Schwelle
und hat Pink mit Selle!

Der moralische Leierkasten

Leute, kommt mal näher ran!
hört euch paar Geschichten an,
sechs Parabeln, kurz und schlicht,
die Herr Graßhoff euch gedicht'.
Sollten sie euch nicht behagen,
braucht ihr nicht gleich »Quatsch« zu sagen,
weil derselbe unentwegt
euern Blödsinn auch erträgt.

Die erste Story berichtet von einem Jäger

Herr von Pfeil geht auf die Pirsch
und schießt meistens keinen Hirsch.
Kommt er abends spät nach Haus,
sieht er sehr verwildert aus.
Heute, sagt er, wars 'ne Krähe!
Eine blonde, wie ich sehe,
meint darauf Baronin Pfeil,
und dann ruft sie: Weidmannsheil!

Die zweite Story handelt vom Pech einer Lady

In 'nem Hochhaus wohnt Miss Cock
in dem hundertzehnten Stock.
Und sie rauft sich ihren Dutt,
denn der Fahrstuhl ist kaputt.
Zwanzigtausend Stufen müßte
sie treppab, bis man sie küßte.

Was nützt da der Sexappeal?
Soviel Stufen sind zu viel.

Die dritte Story handelt vom Glück eines Tramps

Wieviel Gold fand Jimmy Slangs
an den SACRAMENTO-BANKS!
Jimmy war ein Kind des Glücks,
denn die andern fanden nix.
Als dort Ebbe war, den Rüpel
führte es zur BANK OF PEOPLE,
wo er dann im Aufsichtsrat
feste weiterschürfen tat.

Die vierte Story führt uns an die Schranken
des Gerichts

Vor dem Richter steht Frau Schmeil,
weil sie einmal mit dem Beil
ihrem Mann den Scheitel zog,
wozu sie sein Geld bewog.
Sagt der Richter zu dem Drachen:
Frau, wie konnten Sie das machen?
Lacht Frau Schmeil: Das ist nich schwer.
Gehmse mir das Beil mal her!

Die fünfte Story ist ein Hinweis für alle

Hast du einen Wind im Darm,
geh damit zu Doktor Harm!
der dir diesen hilfsbereit
aus dem Intestinum schneid't.
Ist es auch schon vorgekommen,
daß er dies herausgenommen
und den Furz drin festgenäht –
bleibt er doch Kapazität.

*Die sechste und letzte Story behandelt
einen Fall von Tugend*

Stirbt ein reicher Sack im Dorf,
ehrt am Sarg ihn Pastor Schorf.
Sinkt ins Grab ein armer Christ,
er auf dessen Deckel pißt.
Auch die andern warmen Leichen
gehen hin und tun desgleichen
nach dem schönen alten Brauch:
Wie du denkst, so handle auch!

Was der Alte dachte,
als er zu heiraten gedachte
Nach dem Ukrainischen

Soll ich wieder freien?
fragte sich der Alte.
Momentchen, mal sachte,
das will überlegt sein.
Momentchen, mal sachte!
Er kroch auf den Ofen
und dachte und dachte.

Ich will keine Alte,
mich will keine Junge;
die wird mich nicht wollen.
Das steht zu befürchten,
die wird mich nicht wollen,
sinnierte der Alte,
die will keinen Ollen.

Wenn sie aber ja sagt –
nur mal angenommen –
dann will sie bloß schwofen,
nur tanzen und feiern,
nur feiern und schwofen,
und ich hock die Nächte
allein auf'm Ofen.

Geht sie mit mir schlafen –
mag ja sein, sie tut es –
und Schmuse gibts keine,
Momentchen, mal sachte!

und Schmuse gibts keine,
dann liege ich trotzdem
so gut wie alleine.

Wenn ich aber Glück hab,
und sie läßt sich küssen –
schon jetzt wird mir bange –
sofort wird sie spucken.
Schon jetzt wird mir bange,
sinnierte der Alte
und kratzte sich lange.

Batja! wird sie schreien,
Väterchen der Böcke,
küß doch deine Ziege!
Bocksbart, wird sie sagen,
küß doch deine Ziege!
sobald ich sie habe
und neben ihr liege.

Wumpe-Lied

Wumpes Frau, die war Frisöse,
aber keinem Herren böse,
wollt er sie nach dem Frisieren
nicht gleich aus dem Blick verlieren.

Was nur kam, weil Wumpe litt,
daß sie Männern Haare schnitt.

Wumpe tobte oft im Stillen,
wünschte diesen in die Rillen
hunderttausend Stiefelspitzen,
ohne solche zu besitzen.

Alles blieb nur Jagdlatein,
denn er hatte nur ein Bein.

Doch die ganze Diözese
sammelte für die Prothese,
die man Wumpe wollte schenken;
denn man soll ja christlich denken.

Und so kam der Tag heran,
und er schnallte sie sich an.

Als Frau Wumpe nicht frisierte
und zu einem andern schnürte,
da ging Wumpe auf die Reise.
Die Prothese quietschte leise.

Abends gegen zwanzig Uhr
kam er beiden auf die Spur.

Hinter einer Baubaracke
stand das Pärchen Back an Backe,
wo es solchermaßen werkte,
daß es Wumpe nicht bemerkte.

Der zerstörte den Betrieb,
daß das Bein drin stecken blieb.

Niemand war ihm darum böse,
nur der Stifter der Prothese.
Auch Frau Wumpe zeigte Reue,
kaufte Wumpe eine neue.

Weshalb der auch weiter litt,
daß sie Männern Haare schnitt.

Neues Kinderlied

Hokuspokus, Hexenschuß,
ritzeratze Rhizinus,
alle Vögel sind schon da.
Mutter kriegt ein Kind, hurra!
Ein Kind aus Cornedbeef und Tee,
und Pate wird Herr Jemineh,
o. k.
Und löffelt's brav seine Suppe aus,
beschert ihm der heilige Nikolaus
ein Stückchen Staat
mit Stacheldraht,
paar Läuse für die Hosennaht,
eia, popeia!

Ehle, mehle, kickrickih!
Eins, zwei, drei, da kommen sie:
Amsel, Drossel, Storch und Kauz.
Mutter kriegt ein Kind, pardauz!
Ein Kind aus Stahl und Bakelit
trotz Nabelbruch und Kaiserschnitt,
didelitt!
Die Fahne soll seine Windel sein!
Was legen wir ihm in die Wiege hinein?
Ein Stück Beton
als Lutschbonbon,
'ne Panzerfaust im Pappkarton,
eia, popeia!

Piff, paff, puff, Panoptikum!
Viele Häuser fallen um.
Alle Vögel fliegen weg.
Mutter kriegt ein Kind, o Schreck!
Ein Kind aus Sägemehl und Stroh
mit Grind und Krätze am Popo,
holdrioh!
Und wenn's nicht stirbt, nicht platzt oder fällt,
was kann es sich kaufen für teures Geld?
Ein Stückchen Brom,
ein Stück Atom,
ein bißchen Schutt vom Kölner Dom –
eia, popeia!

Volkslied auf zwei Klavieren

Morgenrot! Morgenrot!
Wer hat das tollste Angebot?
Zelluloide!
Ihr Extra-Zug steht vor der Tür
weiß natürlich.
Die Lokomotive
macht rosa Rauch
passend zu ihrem Pyjama.

Morgenrot! Morgenrot!
Heraus zum letzten Aufgebot!
Holzauge unten erwacht
beim Regiment Gneis
versetzt zu den Steinen.
Sie werden geschliffen
(– keine Minute zum Schiffen.)
Der Krieg geht weiter.

Ausgerüstet mit siebzig Fahnen
und sanft gedämpftem
Schlafzimmerblick
reist Zelluloide
zum Einsatz an die Publicity-Front
Abschnitt Sex.
Angekommen im Graben der Pudermäuse
macht sie rücksichtslos
von der Waffe Gebrauch.
Morgenrot! Morgenrot!
Schlag sie mit dem Mieder tot,
Zelluloide!

Holzauge stürmt am Polarkreis
(– Türmen ist ausgeschlossen.)
Zum andern Mal
geht ihm der Arsch mit Grundeis.
Er fällt in einen Gletschertopf
und wird zermahlen.
Morgenrot! Morgenrot!
Kamrad, kennst du Knäckebrot?
Der Krieg geht weiter.

Siebzig scharf geladene Reporter
legen die Dame um.
Morgenrot! Morgenrot!
Wer stirbt den schönsten Heldentod?
Zelluloide!
Erschossen fällt sie in den Prunksarg
der Firma Ever and Never
und erwacht verwirrt
als Grabenratte
am ersten Drehtag.

Die Freiheit ist das Schönste!

Die Freiheit ist das Schönste auf der Erde!
Sie muss behütet und verteidigt werden,
drum braucht sie viel' Patronen
und Panzer und Kanonen.

Die Freiheit ist gerecht nach allen Seiten,
sagt jedermann nach seinen Fähigkeiten.
Doch hinterrücks sorgt für Raison
der liebe Gott als Compagnon.

Die Freiheit ist die Freundin reicher Leute,
sie hängen an ihr mit besonderer Freude.
Sie stoßen sich an ihr gesund
– und dabei kommt sie auf den Hund.

Die Freiheit klopft uns freundlich auf den Rücken,
sie pflegt in leichtem Slang sich auszudrücken.
Im Handumdrehen machen wir
ein sauberes Geschäft mit ihr.

Die Freiheit schreitet fort auf allen Wegen,
kein Schlaukopf stellt sich ernstlich ihr entgegen.
Wer sich in ihrem Schußfeld rührt,
ist selber schuld, wenn er krepiert …

Die Freiheit lässt ein buntes Fähnchen wehen,
mit Sternen und mit Streifen wohl versehen;
Erblickt ihr so ein Ding im Land,
dann nehmt die Beine in die Hand!

Die Freiheit trägt die besten Anziehsachen,
fährt große Autos und kann alles machen,
drum sorgt euch nicht, so lang ihr seht,
wie gut es unserer Freiheit geht.

Die Freiheit ist das schönste auf der Erde!
Sie muss behütet und verteidigt werden.
Woran es höchstwahrscheinlich liegt,
daß man sie nie zu fassen kriegt!

IX. Songs & Moritaten

Neue Nachtwächterweise

Leute, Leute, hört mein Tuten
und laßt raten euch im Guten:
Ihr Lumpenbrüder im Versteck,
das Stehlen hat noch keinen Zweck.
Zehn hat's geschlagen.
Der Bauer grunzt noch nicht im Stroh,
die Magd jagt noch im Hemd den Floh,
der Knecht muß nochmal aus der Hos,
im Wirtshaus ist der Teufel los.
Zehn hat's geschlagen.

Leute, Leute, hört mein Tuten
und laßt raten euch im Guten:
Ihr Straßenmädchen auf dem Strich,
geht heim, wir löschen jetzt das Licht.
Elf hat's geschlagen.
Wenn ihr hernach im Dunkeln fischt,
könnt ihr nicht sehn, was ihr erwischt.
Mit einem alten Strolch im Nest
ist euch gedienet nicht zu best.
Elf hat's geschlagen.

Leute, Leute, hört mein Tuten
und laßt raten euch im Guten:
Ihr Säufer all, trinkt aus und geht,
daß ihr nicht weiße Mäuse seht.
Zwölf hat's geschlagen.
Der Tag ist voll und leer das Faß.

Und pißt nicht ständig auf die Gaß,
wenn ihr nach Hause wanken tut,
sonst kommt die Obrigkeit in Wut.
Zwölf hat's geschlagen.

Leute, Leute, hört mein Tuten
und laßt raten euch im Guten:
Ihr Eheleut geht auseinand,
Maß ist Gebot im Ehestand.
Eins hat's geschlagen.
Seid nicht so wild und haltet haus,
sonst hängt's euch bald zum Hals heraus.
Ein Schlag ist gut und auch genung,
hat er nur Kraft und rechten Schwung.
Eins hat's geschlagen.

Leute, Leute, hört mein Tuten
und laßt raten euch im Guten:
Ihr Halsabschneider im Kontor,
legt euch nun endlich auch auf's Ohr.
Zwei hat's geschlagen.
Ihr zählt und rechnet nächtelang,
ihr treibt den Schuldner an den Strang
und scheffelt Geld von früh bis spät,
bis man euch selbst den Hals umdreht.
Zwei hat's geschlagen.

Leute, Leute, hört mein Tuten
und laßt raten euch im Guten:
Ihr Tippelbrüder im Bereich,
es war schon lange Zapfenstreich.
Drei hat's geschlagen.
Schleicht heimlich an der Mauer lang

und pennt auf einer Kirchenbank.
Euch scheucht der Wind, euch drückt der Schuh.
Ich drücke beide Augen zu.
Drei hat's geschlagen.

Leute, Leute, hört mein Tuten
und laßt raten euch im Guten:
Ihr Sternengucker unterm Dach,
steigt jetzt in euer Schlafgemach.
Vier hat's geschlagen.
Die Sterne sind so weit und fremd.
Viel näher ist die Laus im Hemd.
Es wird schon hell, der Haushahn kräht.
Der Hahnrei aber merkt zu spät,
wieviel's geschlagen!

Im Tingeltangel tut sich was

Im Tingeltangel tut sich was,
das Publikum sitzt leichenblaß
und schaudernd im Parkett:
der Fakir war so aufgeregt,
er hat die Dame durchgesägt
kurz unter dem Korsett.
Der Vorhang fällt,
das Licht geht an.
Gleich ist die nächste Nummer dran.
Das Licht geht aus,
es klingelt schon.
Da steigt die nächste Attraktion.

Im Tingeltangel tut sich was,
die Leute wischen leichenblaß
den Schweiß aus dem Gesicht.
Der Magier schlägt Höllenkrach,
er kriegt sein Medium nicht wach.
Er schafft und schafft es nicht.
Der Vorhang fällt,
das Licht geht an.
Gleich ist die nächste Nummer dran.
Das Licht geht aus,
es klingelt schon.
Da steigt die nächste Attraktion.

Im Tingeltangel tut sich was,
die Leute springen leichenblaß
von ihren Plätzen auf.
Der Degenschlucker schnauft und lutscht,
ihm ist der Degen reingerutscht
mit Klinge, Griff und Knauf.
Der Vorhang fällt,
das Licht geht an.
Gleich ist die nächste Nummer dran.
Das Licht geht aus,
es klingelt schon.
Da steigt die nächste Attraktion.

Im Tingeltangel tut sich was,
das Publikum stürzt leichenblaß
und kreischend zum Entree.
Die Riesendame ist zerpufft,
die Stücke fliegen durch die Luft
und klatschen auf's Buffet.
Das Licht geht an,
der Vorhang fällt.
Das Publikum verlangt sein Geld.
Die Direktion
bedauert sehr.
Die nächste Nummer steigt nicht mehr.

An den Herrn Kultursenator

Wie wir der dortigen Presse entnehmen,
wird auf dem Pintenplatz zu Bremen,
vor der alten Kaplanei,
der Sockel eines Denkmals frei.

Unser Urgroßonkel ist Admiral.
Man ehrte ihn nicht gebührlich!
Wir bieten ihn an für das Piedestal,
gratis
und ganz natürlich.

Er wird ausgestopft,
behelmt, bezopft,
trägt Orden, Schärpe und Galafrack
und erhält einen wasserfesten Lack.

Wir lassen ihn schnell
und human um die Ecke bringen.
Sie haben keinerlei Schererei.
Ein Kadettenchor wird singen,
und der Pfarrer ist auch dabei.

Alles geschieht
mit seinem ausdrücklichen Einverständnis.
Wir setzen Sie nach Vollzug
in Kenntnis.

Sophiens Fall und Ende

Wir sind wie die tönernen Tauben,
die pfeifend die Kugel zerteilt.
Die Menschen, die wollen's nicht glauben,
bis daß sie ihr Schicksal ereilt.

So schenkte einst ohne Bedenken
Sophie einem Schurken ihr Herz.
Der trug es durch Gossen und Schenken
und trieb mit demselben bloß Scherz.

Sie gab ihm die blühenden Lippen
und ihren jungfräulichen Leib.
Doch ging er an andere Krippen
und wollte sie nicht mehr zum Weib.

Da lief sie zu ihrer Cousine,
die kannte die Männer schon mehr.
Die sagte: Geh hin und verdiene
dein Geld dir im Liebesverkehr.

Doch vorher, da muß er bezahlen,
der Schurke, was er dir geraubt:
die schlaflosen Nächte, die Qualen,
und was die Moral nicht erlaubt.

Da hat sie dem Menschen geschrieben:
Mein Herr, Ihre Schuld, die wiegt schwer.
Ich wär ohne Makel geblieben,
das kann ich nun leider nicht mehr.

Drum müssen mit Geld Sie bezahlen,
was Sie ganz allein mir geraubt,
die schlaflosen Nächte, die Qualen,
und was die Moral nicht erlaubt.

Sie kaufte sich Schminke und Puder,
bemalte damit ihr Gesicht,
und war sie auch schön wie ein Luder,
die Tränen, die trockneten nicht.

Dann ging sie im Schein der Laternen
die Straße hinab und hinan,
vom Bahnhof bis an die Kasernen.
Doch leider biß keiner nicht an.

Als dunkler die Gassen und leerer,
hat sie sich an einen gewandt.
O Himmel, es war ihr Verehrer,
den sie bei der Nacht nicht erkannt.

Und weil er auch sie nicht erkannte,
begaben sie sich ins Hotel.
Doch als er die Kerze anbrannte,
O Schicksal, wie schreitest du schnell!

Er stieß ihr den Dolch in die Rippen:
Hier hast du gleich alles in bar!
Und röter noch als ihre Lippen
Das Blut auf dem Kleidungsstück war.

Drum, Mädchen, schenkt ohne Bedenken
niemals einem Schurken das Herz.
Er trägt es durch Gossen und Schenken
und treibt mit demselben bloß Scherz.

Wumpes erste Panne

Mit sechzehn Jahren lernte Wumpe
Lumpen sortieren (gemischtes Gelumpe)
unter der Aufsicht diverser Damen.
Trotz seiner Begabung fiel Wumpe
durch das Examen.
Natürlich, er hatte
sich einiges unter den Nagel gerissen –:
zwei Kilo Watte
und etliche Stempelkissen …
Doch als er sich ne Unterhose nahm,
wurden die Damen aufmerksam.
Und sie gaben ihm zu verstehn,
sie würden nicht tratschen,
verlangten aber ein Divertimento für zehn
Bratschen.

Und Wumpe sah die Instrumente
und wußte, daß er das nicht könnte.
Ging hin, gestand
und verließ die Lehre.
Das war das Ende einer Karriere.

Kikeldei

In Uruguay, in Uruguay,
da lebt der Vogel Kikeldei;
der baut im tiefen Walde dort
sein Nest aus Merde de l'abort.

Auch nährt es sich, auch nährt es sich
davon, was zwar verwunderlich,
doch wenn in manchen Trog wir sehn,
ist dies noch längst kein Phänomen.

Der Kikeldei, der Kikeldei,
der legt sein Ei am Nest vorbei;
was sonst er aber fallen läßt,
das tut er alles in sein Nest.

Ist dieses dann, ist dieses dann
randvoll, hebt schon das Ernten an,
bei dem das Volk zu Sang und Harf'
die Kikelnester plündern darf.

Der Kikeldreck, der Kikeldreck
ist kostbar wie ein Blankoscheck.
Man sammelt ihn durch Polizei
und führt ihn aus nach Paraguay.

In Paraguay, in Paraguay,
da gibt es eine Faktorei,
die macht aus diesem ganzen Mist
Pastete, die nicht eßbar ist.

Das Fabrikat, das Fabrikat
geht darauf in den Nachbarstaat
zurück, wird granuliert
und wieder dorthin exportiert.

In Paraguay, in Paraguay,
da kocht man daraus einen Brei,
der wird gekirnt, gequirlt, gejaucht,
wie Uruguay ihn dringend braucht.

Die Produktion, die Produktiom
erfolgt geheim und kakophon.
Die Uruguayer Industrie
steht dieser hilflos vis à vis.

In Uruguay, in Uruguay,
verteilt man sie (am ersten Mai),
und singend schleppt das Volk alsbald
die alte Scheiße in den Wald.

Der Kikeldei, der Kikeldei,
ahnt nichts von dieser Schweinerei;
er baut sein Nest und legt was rein,
und wer's nicht glaubt, der läßt es sein.

Die echten, alten Trapper

Paddy war ein Fallensteller
mit nem Biber bis zum Nabel.
Und er aß noch nicht vom Teller,
und er kannte keine Gabel.

Jährlich einmal in der Regel
trieb es ihn aus seinem Schuppen,
und er schnitt sich Haar und Nägel
und fuhr zu den süßen Puppen.

Diese wußten, er war nobel,
gingen gern in seine Falle,
kriegten Nerz dafür und Zobel,
und zum Abschied sangen alle:

Die echten, alten Trapper,
die werden immer knapper.
Paddy, lebe wohl!
Leb wohl, wir haben dich geliebt!
Wenns nach dir keine Trapper gibt,
gibts noch den Alkohol.
Paddy, lebe wohl!

Paddy fand ein jähes Ende,
als er bei den Damen weilte,
und das wurde zur Legende,
als die Zeit die Wunde heilte.

Doch wie diesen einst zumut war,
als man ihn zum Friedhof rollte,
wie betrübt das Institut war,
zeigt, daß keine fehlen wollte.

Eingehüllt in ihre Nerze,
sangen sie im schwarzen Flore –
in den Händen eine Kerze –
dort am Grab das Lied im Chore:

Die echten, alten Trapper,
die werden immer knapper.
Paddy, lebe wohl!
Leb wohl, wir haben dich geliebt!
Wenns nach dir keine Trapper gibt,
gibts noch den Alkohol.
Paddy, lebe wohl!

Moritat vom eiskalten Gasanstaltsdirektor

Es war einmal ein Gasanstaltsdirektor,
der sprach zu seinem Gasanstaltsinspektor:
Es ist so lausig kalt
in unsrer Gasanstalt,
steck den Behälter an,
daß ich mich wärmen kann.

Gesagt getan. Der Mann war ein Getreuer,
drum machte er befehlsgemäß gleich Feuer.
Das Feuer brannte schön
und war sehr weit zu sehn,
und wo es einst gebrannt,
da ist ein Loch im Land.

Im Himmel sprach der Gasanstaltsdirektor
alsbald zu seinem Gasanstaltsinspektor:
Es war nur halb so kalt
in unsrer Gasanstalt.
Ich wollt, ich wär noch da,
halleluja.

Affäre

Im Terrazzo des Badezimmers
kann man Isoldes Geschichte lesen
bei fernem Duft von Chanel.

O Marmorbild, o Marmorsplitt!
Isolde starb am Kaiserschnitt.

Sie starb
und Tristan singt weiter bei Marke.
Nach dem Largo mit Angostura
Handschlag in Café Ritter.
Zum Leben gehört
die meiste Geduld.

Verstehen heißt zugleich verzeihn.
Die Stellung will gehalten sein.

Nur keine Skandale.
Der Tratsch tritt sich fest.
Man einigt sich und verbleibt:
die Herren tragen
zu gleichen Teilen
Klinik- und Überführungskosten.

Die beste Rüstung: dickes Fell.
Und ab mit ihr nach Tintagel!

Bekenntnisse eines Erben

Ich erbte einen Walroßzahn
und einen Ohrenlöffel aus Gold.
Mein Vater war ein Kastellan
und Trunkenbold.

Ich erbte auch seine Kalle.
Ich verlangte von ihr ihre Pflicht.
Sie sagte, ich wäre malle
und wollte nicht.

Dann stahl mir die freche Puppe
den Walroßzahn
und verkaufte ihn in Suppe
auf der Reeperbahn.

Ich fand sie mit einem Chinesen
im Bett. Das war der Koch.
Wär's mein Bett nicht gewesen,
beide lebten sie noch.

Ich steh vor dem Zuchthaustore.
Die Erbschaft war kein Gewinn.
Den goldenen Löffel im Ohre,
bohr ich traurig vor mich hin.

Frühlingserwachen
oder
Guter Rat an ausgereifte Jungfrauen

Es duftet mild nach Gasanstalt.
Der Koks dampft in den Loren.
Im Telegraphenstangenwald
wird ein neuer Frühling geboren.

Klopft erst der kleine Mann im Ohr,
wird euch zu eng der Slip,
und raunts auf jedem Korridor
von Knutsche und von Strip –:

dann schäkert mir nicht ungekämmt!
Stelzt wie auf Anthrazit!
Und will der Chef mit unters Hemd,
seid nett und nehmt ihn mit.

Der süße Lenz, kaum ist er da,
sind die klügsten Wölfe malle.
Und jeder lupus in vagina
sitzt einmal in der Falle.

Song vom Schlot
oder
Die jungen Unternehmer

Schornstein, Schlot,
Zeigefinger des Wohlstands,
du rauchst nicht knapp.
Totem des Reichtums, Schlot,
brich nicht ab!

Brächest du ab, du hohe Esse,
verlöre Vater seine Maitresse,
zöge der Butler eine Fresse,
würde die Firma exkommuniziert
auf der heiligen Frankfurter Messe,
verlöre der Minister das Interesse
an unserm jovialen Alten!
Mutter könnte nicht mehr bridgen,
müßte kündigen der Schmidtschen
und sich mit sich allein unterhalten.

Wir könnten nicht mehr reisen
nach Acapulco – wehe!
das wäre nicht angenehm.
Wir müßten zu Hause speisen,
Mampfe mit Schweinezehe –
wie ehe- wie ehedem.
Wir könnten nicht mehr promenieren
in Saint Tropez –
das wäre vom Übel,
herrjemine!

Wir würden das schöne Dritthaus verlieren,
und es röche bei uns wieder
nach Bohnerwachs und Zwiebel,
und Vater läse wieder in der Bibel
oder im Brehm,
und das wäre sehr un-
sehr unangenehm!

Droht uns die Not?
Wackelt der Schlot?
Mitnichten, nein!
Sehet: er raucht!
Seht die schwarze Fahne wehen!
Sehet: er raucht!
Laßt uns treu zusammenstehen!
Sehet: er raucht!
Laßt uns fromm zusammentreten!
Sehet: er raucht!
Laßt uns beten!

Schornstein, Schlot,
Zeigefinger des Wohlstands,
du rauchst nicht knapp.
Totem des Reichtums, Schlot,
brich nicht ab!
Rauche, hauche
Wohlstand ins Gelände –
bis an unser dickes Ende.

Lisa

Lisa ging mit einem Maaten,
doch sie war in Not geraten,
und der Seemann, ach, der war ihr gleich,
ganz, ganz gleich.
Denn sie sah in Café Gräfen
einen Herrn mit grauen Schläfen,
und sie dachte sich, der Mann ist reich,
ganz, ganz reich!

Darum machte sie sich an ihn,
zog durch Blicke in den Bann ihn,
er bezahlte, und sie gingen raus,
ganz, ganz raus.
Dann zu Haus in der Kabuse
zog sie Mantel aus und Bluse.
Auch der Herr zog sich die Schuhe aus,
ganz, ganz aus.

Als sein Hemde dann geflickt war,
und sie bodenlos geknickt war,
zeigt' er ihr sein Konto, das war fett,
ganz, ganz fett!
Lisa war schon überzeugter,
denn das Geld lag unterm Leuchter,
und der Herr war auch im Dunkeln nett,
ganz, ganz nett.

Doch als dann der Morgen graute,
da geschah's, daß er sie haute!
Seine Uhr war weg, und er sah rot,
ganz, ganz rot.
Lisa hatte keine Ahnung,
und nach einer letzten Mahnung
schlug er sie mit ihrem Leuchter tot,
ganz, ganz tot.

Aber plötzlich stand der Maat da,
und als der die schlimme Tat sah,
wurd er wie'n Emailletopf so blaß,
ganz, ganz blaß.
In die Kniee gehen tat er,
denn der Alte war sein Vater,
und dann weinten sie sich beide naß,
ganz, ganz naß.

Dampfkesselkatastrophe

Im Dampfkesselüberwachungsverein
platzte plötzlich der Kessel.
Der Direktor mit Feuer, Dampf und Kartein
gen Himmel stob als Hasenklein,
vermischt mit Boxkalfsessel.

Der Chefingenieur, ein Herr von Spohr,
alte Koriphäe,
den Zeichenstift hinter dem rechten Ohr,
geschoben von einem Stahltresor,
erreichte nur halbe Höhe.

Die junge Dame vom Schalter vier,
eine üppige Blondine,
an der Decke klebte und zwischen ihr
der Bürovorsteher nebst Pauspapier
und Teilen der Schreibmaschine.

Der Heizer, ein stets bescheidener Mann,
lag zerlumpt auf der Plauze.
Die wollten nicht glauben, daß ich das kann,
sagte er, aber nun glauben sie dran
und halten endlich die Schnauze.

Ein Fluß namens Timpe

Am Wehr, wo sich die Timpe staut,
da hat das Wasser eine Haut.
Kommt man im Dunkeln ab vom Steg,
hält man das Wasser für den Weg.
So ging es einst dem Säufer Schmidt,
der sich um einen halben Schritt
am Alten Timpesteg vertat
und mitten in die Timpe trat.
Er traf sich mit der Mieze Fietz,
die dort nach einem Ringelpietz
zwei Handbreit aus der Richtung kam
und Wohnung in der Timpe nahm.

Am Wehr, wo sich die Timpe staut,
sie wurden Bräutigam und Braut.
Die Timpe stattete sie aus
mit einem alten Blumenstrauß,
mit Schlick und Schlamm und Torf und Rost,
Kaninchenbälgen und Kompost,
mit Eierschalen, faulem Mudd,
Kartoffeln, einem falschen Dutt,
mit einem halben Firmenschild,
Kastanien, einem Hitlerbild,
drei Latschen, zwei mit einem Loch,
und Flaschen, Flaschen, noch und noch.
Ein Besen kam und ein Pessar. –
Sie tat, was ihr nur möglich war.

Vier Vorführdamen im Café

Es treffen sich im Klub-Café,
am Mittwoch meist zum Fünf-Uhr-Tee,
zu Toast und Kaffee-Melange,
vier Damen der Miederbranche.

Sie ziehen sich die Jäckchen aus –
acht Knospen hat der Blumenstrauß
und steht auf schmalen Stielen.
Sie setzen sich und spielen.

Sie spielen Miederindustrie,
ein Stück in eigener Regie,
und trinken winzige Schlückchen
zum improvisierten Stückchen.

Sie teilen sich einander mit
den letzten Pfiff, den neusten Schnitt.
Man kann sie nur nicht hören,
weil laute Gäste stören.

Die Damen sind geschickt verpackt,
doch tun sie so, als wärn sie nackt,
mit beinah nichts auf den Fellchen,
und zupfen mit roten Krällchen.

Bald wird die Paßform zelebriert,
bald der Konturschnitt vorklaviert.
Allein durch Pantomime
erfährt man das Intime.

Apart beschreibt ein bleiches Gift
in Vorführdamen-Zeichenschrift
als Botin neuesten Heiles
die Rettung des schönsten Teiles.

Und plötzlich sieht man klar und klipp
den tourenfesten Matching-Slip!
Kontrollelastik schiebt sich
um Hüfte achtundsiebzig.

Drei Damen lächeln Zuckerguß.
Die Blonde zieht den Reißverschluß
und zeigt voll sanfter Bescheidung
den letzten Schrei der Entkleidung.

Dazu löst sie das Körbchenpaar,
klappt mit den Wimpern, streicht das Haar
nach strengen Ritualen –
dann ruft sie: Ober, zahlen!

Schnadahüpferl

Im Bayrischen Wald,
im Bayerischen Wald,
da nagelns die Gäns
auf a Brettl – eiskalt!
Da nudelns den Pfaffen
mit Mehlspeis und Schmand,
da nagelns den Herrgott
akkurat an die Wand.
Da nagelns die Sohlen,
und die nagelns net schlecht!
Da nagelns sich alle
allweil was zurecht.
Da tragt man noch Kropf
überm Knopf und an Zopf,
da nageln die Buam
sich a Brett vor den Kopf,
auch nagelns den Dirndeln
a Brett vor den Spalt –
im Bayrischen Wald,
im Bayrischen Wald.

Girls Beat-song

Sie sagen, ich wäre ein Flittchen.
Das ist mir doch schnurz und egal!
O. k., ja, ich bin kein Schneewittchen!
O. k, ja, es ist ein Skandal –:
Der Beat, nur der Beat hält mich senkrecht –
die Liebe horizontal!

Ich geh als gelernte Frisöse
und trimme der Kundschaft den Krepp.
Was sind diese Klammern oft böse,
ist eine mal nicht so auf Pepp.
Der Dita brach neulich der Kamm durch.
Sie sagte sich: Baby, halt, stop!
Die mimt im Center jetzt, die sitzt in Hamburg,
die hat von uns den minifreisten Job!

Nach Dienstschluß genießt sie das Leben
mit Süßis wie aus dem Journal.
Der Job, dieser Job, hält sie senkrecht –
die Liebe horizontal!

Mein Alter geht fremd, meine Olle,
die simst auf 'em Nepp nebenan,
Sie liegt bis um drei in der Molle,
dann tüncht sie sich an, wenn sie kann.
Die Chefin ist zickig, ihr Gatte
begriffelt mir flott das Paket.
Sie feiern abends längelang auf Matte,
und alle pimpern dann zum Schluß querbeet.

Sie saften gestreift und Kariertes
und meinen es trotzdem oval!
Die Pulle, nur die, hält sie senkrecht –
die Liebe horizontal!

Da heißt es, ich wär eine Schneppe!
Wo bin ich denn anders als die?
Die tragen doch unter der Schleppe
die gleiche Maschinerie!
Ich sage es meinem Gelumpe,
ich sage es ihm ins Gesicht:
Der ganze miese Zirkus ist mir wumpe!
Ich nehme nicht mehr teil am Unterricht!

Come on, boy, probier deine Ische
und prüfe das Material!
Der Beat, nur der Beat hält mich senkrecht –
die Liebe horizontal!

X. Chansons

Hommes femmes

Im Hafengang schwamm ein Gesicht,
ein kleiner Mond aus Quark,
und einer unterm Ampellicht,
rot wie Tomatenmark.

Der Weiße zog mich ins Lokal.
Wir sogen am Absinth.
Da hörte ich ein dutzendmal,
wie schlecht die Männer sind.

Ja, das ist wahr, du liebe Zeit!
Und Hunger, der tut weh!
Sie trug ein buntgeblümtes Kleid
aus dünnem Moiré.

Sie trug ein Kleid und drunter nichts.
Das merkte man sofort.
Ich sah im Schein des Lampenlichts
den Futji hier und dort.

Das war so schön. Ich sagte: Belle!
Sie wußte nicht, warum.
Da lachten wir, und ein Kamel
sah sich verwundert um.

Es sah sich um und grinste schlau.
Was wußte dieser Mann?
Ich saß bei einer kleinen Frau
und trank mir einen an.

Sie lächelte: Toujours zickzack!
Ich nickte: Gott erhalt's.
Aus »hommes« drang der Ammoniak,
aus »femmes« ebenfalls.

Madame Goulou

Madame Goulou ist tätowiert
vom Ausschnitt bis zum Spann.
Und jeder, der sie engagiert,
sieht sich die Bilder an.

Die Nachttischlampe bei Goulou
brennt bis zum Morgengrau,
und keinem falln die Augen zu,
so spannend ist die Schau.

Doch wenn der Gast – man ahnt es kaum –
nichts weiter mehr entdeckt,
dann zeigt sie ihm den Zwischenraum.
Das ist der Knalleffekt!

Sagt: Bon plaisir. Und lächelt still.
So lächelt nur Goulou.
Sie weiß, was jeder haben will,
so gut wie ich und du.

Sogar ein Majestätsbesuch
kommt hier zu seinem Recht!
Sie ist das schönste Bilderbuch,
und jedes Bild ist echt.

Liebesgeständnis eines Apachen

Dich zu lieben vor allen Damen,
bin ich verdammt.
Ich pinkelte deinen Namen
in den Schnee vor dem Standesamt.

Ich könnte ihn mir in den Bast
mit dem Messer schreiben.
Nur weil du nichts davon hast,
lass' ich es bleiben.

Du bist ohne Treue
aber voll Zunder im Moos!
Wie ich mich allemal freue,
geht die Ladung los!

Ich weiß, du hast einen Stich
in die linke Brust erhalten,
einen Stich mit dem Knief auf dem Strich,
von einem betrunkenen Balten.

Laß mich dir den zweiten versetzen
in die rechte Partie –
aus reinem Ergötzen
an der Symmetrie!

Ich weiß, du läßt es geschehen,
weil die Liebe dich treibt.
Der Schmerz wird vergehen.
Die Erinnerung bleibt.

Didy-Song

Sie war das Schickste im Lokal,
das Teuerste und Beste.
Es war zu Haiston am Canal,
da blieb das ganze Personal
die Nacht bei ihr im Neste.
Wir kamen dreimal nach Transvaal
und dreimal nach Manhattan.
Und jeder dachte tausendmal:
Es war zu Haiston am Canal
am schönsten, möcht ich wetten.

Ahoi, sie war die Heuer wert,
und Didy war ihr Name.
Und wer im Stützpunkt Drei verkehrt,
dem wird der ganze Kahn geteert
von einer einzigen Dame.

Sie schrieb an unsern Prinzipal
und ließ uns alle grüßen.
Es war zu Haiston am Canal,
da fiel das ganze Personal
dem Kapitän zu Füßen.
Vielleicht ist dies das letzte Mal,
wir müssen sie besuchen,
die Dame wartet am Canal.
Da gab er uns das Kapital
mit Donnern und mit Fluchen.

Ahoi, sie war die Heuer wert,
und Didy war ihr Name.
Und wer im Stützpunkt Drei verkehrt,
dem wird der ganze Kahn geteert
von einer einzigen Dame.

Da hatte keiner im Lokal
bei Didy Langeweile.
Sie liebte alle Mann pauschal,
den Käptn, ei verflucht nochmal,
zum Schluß in aller Eile.

Doch als er neuen Kurs befahl,
da mußten wir parieren.
Es war zu Haiston am Canal,
da kroch das ganze Personal
an Bord auf allen Vieren.

Ahoi, sie war die Heuer wert,
und Didy war ihr Name.
Und wer im Stützpunkt Drei verkehrt,
dem wird der ganze Kahn geteert
von einer einzigen Dame.

Chanson

Ich bin das geworden,
was man aus mir gemacht hat.
Ich bin es vollkommner geworden,
als man es je gedacht hat!
Man wirft sich nur einmal im Leben weg.
Alles weitere ist nicht so schwer.
Steckt man erst bis zum Hals im Dreck,
dann zählt man die Männer nicht mehr.

Ich hab einmal eine Contessa gekannt,
die wie ich raffiniert und kokett war.
Die schrieb die Adresse an die Wand
von jedem, mit dem sie im Bett war.
Messieurs, sowas tut eine Dame doch nicht,
denn das ist nicht comme il faut!
Mich interessiert der Name nicht,
ich liebe inkognito.

Ich bin das geworden,
was man aus mir gemacht hat.
Ich bin es vollkommner geworden,
als man es je gedacht hat!
Man wirft sich nur einmal im Leben weg.
Alles weitere ist nicht so schwer.
Steckt man erst bis zum Hals im Dreck,
dann zählt man die Männer nicht mehr.

Und immer kommt einer von irgendwo her,
den man niemals gesehn und nicht kennt.
Und will er was, sagt man: Bitte sehr!
und zögert nicht einen Moment.

Und seufzt er: Chérie, du küßt herrlich gemein,
dann macht man die Augen zu
und denkt: Ich wurde versaut, du Schwein,
von einem, der war wie du.

Ich bin das geworden,
was man aus mir gemacht hat.
Ich bin es vollkommner geworden,
als man es je gedacht hat!
Man wirft sich nur einmal im Leben weg.
Alles weitere ist nicht so schwer.
Steckt man erst bis zum Hals im Dreck,
dann zählt man die Männer nicht mehr.

Meine Frau will mich vergiften

Meine Frau
tut mir Strychnin in den Reis.
Ich fand die Dose.
Sie weiß noch nicht, daß ich es weiß,
die Ahnungslose.
Ich muß sie, so leid es mir tut,
mit dem Beil erschlagen, die gute Seele.
Ich bin in Gewissensnot.
Wenn ich die Richtung verfehle,
schlägt sie mich tot.
Auf alle Fälle muß ich mich betrinken,
weil ich mich sonst nicht getrau.
Ich sehe außerdem auf einem Auge,
dem linken,
nicht mehr genau.
Daß mich die Rabin
vergiften will in aller Stille,
läßt die Frage berechtigt erscheinen,
ob ich noch da bin,
bevor ich sie kille.

Es ist zum Weinen.

Der Schnitzel-Song von Fräulein Mimi, die sich selbständig machte

Siebzehn Jahr war Mimi alt
und in einer Waschanstalt
Plätterin von Herrenoberhemden.
Mimi kannte keine Herrn,
hätte aber allzugern
einen Herrn in solchem Hemd gehabt.
Aber nie hat das geklappt,
aber nie hat das geklappt.

Und so träumte sie denn oft,
daß sie einmal unverhofft
einen Herrn im Wäschekorb entdeckte.
Dabei brannte sie ein Loch
in das Hemd von einem Koch,
einem Sänger und nem Offizier –
und da kündigte man ihr,
und da kündigte man ihr.

Aber kaum war sie geschaßt,
hat sie plötzlich Mut gefaßt,
sich was Neues, Besseres zu suchen;
packte die Klamotten ein,
dampfte ab nach Frankfurt/Main –
fand ein Zimmer im Hotel »Zum Abt«.
Na, wie hatte das geklappt?!
Na, wie hatte das geklappt!

Ohne Eisen fing sie dann
im Hotel das Bügeln an.
Jeder Anfang ist bekanntlich schwierig.
Meistens ist die Plattform schmal,
denn es fehlt an Kapital.
Aber Mimi war schon fast komplett –
durch ein breites Bügelbrett,
durch ein breites Bügelbrett.

Achtzehn Jahr war Mimi grad,
als was vermalheuren tat,
und die kleine Plättanstalt ging baden.
Mimi kannte viele Herrn,
hätte aber allzugern
nur die Oberhemden dagehabt.
Denn nun hatte es geklappt,
denn nun hatte es geklappt.

Heut hat mein Geliebter
Hochzeit im Strandhotel

Glauben Sie nicht,
ich wäre bestellt und nicht abgeholt.
Ich warte auf keinen.
Ich bin nicht zu haben für'n Whisky-pure,
ich stehe hier nur
und müßte eigentlich weinen.

Heut hat mein Geliebter
Hochzeit im Strandhotel.
Alle Fenster sind hell.
Aber wo Licht ist, da ist auch Schatten.
Ich weiß, daß er an mich denkt,
denn ich habe ihm mehr geschenkt
als ein paar Krawatten.

Sehn Sie,
dort stehn sie
beide Hand in Hand!
Sie hat ihn mir ausgespannt.
Nicht mit Reizen, nicht mit Charm.
Sie hat Geld an den Füßen,
wie man so sagt,
und ich bin arm.

Sonderbar, daß ich nicht traurig bin.
Natürlich bin ich nicht froh.
Wo die Liebe hinfällt,
da fällt sie hin.
Das ist nun einmal so.

An einem Märztag sprach er mich an.
Ich wollte zum Frisör.
Wir landeten aber auf Umwegen dann
in den Dünen am Meer.
Wir gingen am Abend ins Strandhotel
und waren am Morgen ein Paar.
Und dann verging die Zeit so schnell!
Was ist denn schon ein Jahr?

Heut hat mein Geliebter
Hochzeit im Strandhotel.
Alle Fenster sind hell.
Aber wo Licht ist, da ist auch Schatten.
Ich weiß, daß er an mich denkt,
denn ich habe ihm mehr geschenkt
als ein paar Krawatten.

Glauben Sie nicht,
ich wollte ins Wasser! Seh ich so aus?
Ich müßte schon lügen.
Ich wär jetzt zu haben für'n Whisky-pure.
Man steht ja nicht nur
herum zu seinem Vergnügen.

Sonderbar, daß ich nicht traurig bin.
Natürlich bin ich nicht froh.
Wo die Liebe hinfällt,
da fällt sie hin.
Das ist nun einmal so.

Präzise Fragen eines liebenden
Antropophagen an eine unentschlossene
Zimtziege, betreffend Art und Umstände
der Vereinnahmung

Wie soll ich dich vernaschen?
Im hohen Thymian?
Aus der Lameng, in Gamaschen,
am Rande der Autobahn?
In einem überfüllten
kalabrischen Spital
oder in Rom
bei Hilton
feudal?

Nimmt man dich scheibchenweise
oder gewürfelt ein?
Hast du mit Götterspeise
auch das Zittern gemein?
Magst du es gern mit Glocken
oder lieber mit Jazz
und trocken auf dem Brocken
oder naß
auf dem Markusplatz?

Vornehm ist à la Forelle!
Wär dir das recht?
Du blühtest als Immortelle
weiter in deinem Hecht.

Fürchte keine Entgleisung!
Ich esse adrett.
Möchtest du deine Verspeisung
bleu
oder blauviolett?

Soll ich dich lieber verladen
und bei Kommißbrot hart
mit einem Kameraden
verknuffen
halbpart?
Ich könnte dich auch panieren
mit ägäischem Sand
und dauergefrieren
als Proviant.

Ach, laß mich dich vermampfen
gleich im Büro
oder zu Zithern und Klampfen
im Fernsehstudio!
O du, mein Stern von Uelzen,
laß dich beknien,
eh dich die Schinder versülzen
im Schutt
oder submarin.

Bordellvorsteherposten gesucht

Mein Mann
langweilt sich tot.
Er raucht wie ein Schlot.
Ich sitze im Rauch
und öde mich auch.
Uns schmeckt nichts mehr,
uns juckt nichts mehr,
wir verkehren lustlos.
Er wollte, er wäre, sagt er,
Bordellsekretär
oder -kustos.
Ich
übernähme den Lieferwagen
als Sekretärin der Bienen
und würde –
außer an Sonn- und Feiertagen –
auch mitbedienen;
denn ich bin fit
und bringe reiche Erfahrungen mit.
(Man brauchte natürlich
für gröbere Arbeiten noch eine Kraft,
weil unsereins das kontinuierlich
nicht schafft.)
Das Geschäft florierte
bei gemäßigten Preisen.
Wir führten nur Damen,
studierte
und solche aus höheren Kreisen.
Wir wären gesichert
auf Jahre.
Denn Nutten sind keine Mangelware.

An den Briefkastenonkel

Mein Bauch
ist nicht froh,
weil er nicht tanzen kann.
Traurig ist auch
mein Popo,
lieber Briefkastenmann.
Mein Verlobter ist Scheich,
der von El Um,
einer Oase voll Öl.
Mein Bauch, sagt er, wäre so weich
und so dumm
wie bei einem Kamel.
Er wünsche sich einen
wie die Bäuche in Jemen.
Ich meine, ich kann mich des meinen
nur schämen.
Mein Bauch muß studieren.
Es fehlt ihm noch viel.
Er soll, sagt er, repräsentieren
zwischen Euphrat und Nil.
Bitte schreibe mir,
lieber Briefkastenmann,
wo man den Bauchtanz lernen kann.
Allah ist groß
und Arabien weit,
und mein Bauch
ist zu allem bereit.

Nimm mich hin, wie ich bin
Chanson

Du warst so schön dabei, mich abzurichten
und ahntest nicht, dass dir der Karrn entgleist!
Du wolltest eine Luxusratte züchten –
nun wunderst du dich plötzlich, dass sie beisst!

Die ganze Schose ist dir fehlgeschlagen –
ich spure nicht, wie du dir das gedacht!
Du hättest Grund, dich vor den Kopf zu schlagen!
Siehst du denn nicht, du hast es falsch gemacht!

Nimm mich hin,
wie ich bin –
fällt dir auch dein Himmel ein!
Nimm mich hin,
wie ich bin
oder laß es sein!
Gib es auf, dich zu bemühn,
mich zur Lady zu erziehn,
aus damit und Schluss!
Alle deine Theorien
sind doch Stuss!
Nimm mich hin,
wie ich bin, –
eine Lady ist nicht drin!

Vertretung

Ich habe einem Generalvertreter
das Lebenslicht ausgeblasen.
Er vertritt nun die Firma zwei Meter
unter dem Rasen.

Er hat mich gehetzt
zehn Jahre durch die Kartei.
Ich habe zuletzt
kaum noch geschlafen, geschweige denn bei-.

Daß ihm in seiner Position jetzt
die Brustwarzen rosten,
läßt mich kalt.
Ich habe seinen Posten
und sein Gehalt.

Ich vertrete statt meiner Hacken
den Bettvorleger seiner Frau
und habe endlich Zeit zum Kacken.
Das fehlte mir genau.

Marinaden

In der Marinadenfabrik
ist eine,
mit Haaren wie Weißblech
und Kaviaraugen.
Ich könnte mich schon
für sie engagieren,
röche sie nicht so nach Fisch.
Allemal bei dem Gedanken,
nach dem Kino mit ihr
im Mais zu verschwinden,
fällt mir –
ich kann mir nicht helfen –
Signor Muñez ein,
unser Staatspräsident,
als er im Pissoir stand,
die Beine gespreizt
und zum Gruß die Melone lüftend.

Ich werde ihn diesmal
nicht wieder wählen!

Roßhaar zerschnitten

Liebster, wo dein Wagen parkt,
verschied – wie die Ärzte sagen –
mein Mann an einem Herzinfarkt
bei seiner Geliebten im Wagen.

Du sollst erfahren, wie es war.
Er trieb es mit meiner Frisöse.
Ich schnitt dem Guten Pferdehaar
in die Hummermayonnaise.

Wirst du mit einer andern intim –
Liebster, ich kann es spüren –
werde ich dir dasselbe wie ihm
in die Mayonnaise rühren.

Du fühlst dich innen wie geharkt
und schleppst dich in deinen Wagen.
Er starb an einem Herzinfarkt,
werden die Ärzte sagen.

Man rechnet einen Löffel Haar
auf ein normales Essen.
Du spürst doch nichts? Noch nicht – nicht wahr?
Ich werde dich nie vergessen!

Der Fall Becker
oder
Kostenlose Beratung in der Abteilung
Jugendtouristik / sexueller Notstand

Sie möchten etwas entdecken,
Herr Becker?
Es gibt keine weißen Flecken
mehr für Entdecker!
Ihre Ziele sind nicht so hochgespannt?
Sie wollen nur Sonne –
Sonne und Sand.
Nur einmal raus aus dem Revier
und weg –
weit weg von »Müller & Schnier«.
Und wenn Sie dann in der Sonne liegen –:
zwei Hände voll Schmuse
zu ihrem Vergnügen.
Verstehe, Herr Becker,
das können Sie kriegen.

Da wäre die Côte d'Azur zu nennen.
Lassen Sie sich dahin verladen.
Das ist ein Küstenstrich zum Pennen
und Baden.

Und zum Entdecken!
Sie liegt schon da unter zehntausend Schnecken,
die kleine nette Imbezille
(kommt nicht an auf ne Mille)
und wartet auf ihren Entdecker,
braun und schmal,
und nur die Gegend ums Wuppertal

ist weiß und gewichtig.
Bei der, Herr Becker,
liegen Sie richtig.
Sie kann schon *wui*, *Mosjöh* und *bongjur*
und die Marken der Wagen.
Die Leute, wird sie Ihnen klagen,
– nur einmal stur!
Und das komische Klo!
Diese Scheißfolklore!
Alles fällt ihr auf den Wecker.
Ihr fehlen amore
und Sie, Herr Becker!

Sie können es allerdings einfacher haben –:
die junge Dame, Fräulein Irma,
arbeitet in derselben Firma:
Makulatur, Kartonagen, Papier –
Hindenburgstraße, bei »Müller & Schnier«.
Aber fahren Sie erst
an die Côte d'Azur.

Timpeté und Gasparone
Liebesduett

Timpeté:
Nimm deine Windsbraut,
Geliebter,
ohne Bedingung
und ohne Atteste!
Ach, wenn es hinhaut –:
die erste Verschlingung
ist immer die beste,
mein Gasparone!
Rüste die Galeone!

Gasparone:
Paps und Mamatschi,
Geliebte,
laß uns verlassen
im Mercedes dreihundert
und schön in Karatschi
den Zwieback verprassen,
daß der Bäcker sich wundert,
meine Timpeté!
Magst du ihn gern mit Gelee?

Timpeté:
Laß an den Stränden,
Geliebter,
Muscheln uns zählen
bis hin zu den Syrten!
Ich will nicht enden,

den Pfirsich zu schälen,
dich zu bewirten,
mein Gasparone!
Willst du ihn mit oder ohne?

Gasparone:
Wo wir auch enden,
Geliebte,
enden im Joint wir
rauschdunkler Größe.
Öffne die Lenden
nun rasch mir
und zähl nicht die Stöße,
meine Timpeté!
Fuck – und vergeh!

XI. Jetzt

Die Krebse

Morgens
legen sie die Reusen aus
in der Gemeinde.

Abends
scheren sie und brennen
die Hexen.

Nachts
fürchten sich die Krebse
und singen.

Ohne Papiere

Ratsam ist es für Leute,
die untergekrochen sind,
aufzubrechen im Schummern,
eh die Fugen des Scheunentors
das Asylrecht streichen.

Die Jacke wird abgeklopft,
die Hose glattgestrichen,
ohne Imbiß gegangen und ohne Abschied,
noch bevor mit dem Stiefel
der Pächter dem Pferd die Verhältnisse klar macht,
und die Magd zum Abort stapft.

Es empfiehlt sich im allgemeinen,
nichts als die Spelzen im Haar mitzunehmen,
den Aufschrei der Hoftür,
die Höhlung des Schwellsteins
und die Anzahl der Leitersprossen.

Wer will,
steckt sich das Lächeln der Frau
vom vergangenen Abend
ins Knopfloch.

Carneval

Schwarze Tinte, India Ink.
Die Nacht ist voll Maiglöckchenläuten,
gedenke ich deiner,
verschollene Freundin.

Dein Bett stand unterm Seziertisch
der Anatomie Doktor Tulps.
Schwarz ist der Stern, der dich nennt
auf der Photographie der Maskierten.
Schwarze Tinte, India Ink.

Schwarz sind die Mantillen
der Damen von Saragossa,
wenn sie den Fandango tanzen,
schwarz auf dem Meerschaum der Haut.
Weiß stäubt der Puder,
wenn sie den Fandango tanzen
vor den Augen der Inquisition.

Alea jacta

Kam ein Vogel geflogen
von Waterloo
und überbrachte Hannibal
die Emser Depesche.
Doch dieser hielt nicht viel davon
und überschritt den Rubikon.

Kopenhagen brannte.
Wien war in Gefahr.
Kein anderer als Gneisenau
schlug den Afrikaner
im Teutoburger Wald.

Großes geschah.
Weistum zwitschern die Alten
unter Babelscherben
und Lebensschutt.
Die Glatze Karls des Kahlen
auf dem Baikalsee
bei Nacht
folgerichtig als Mondschein erhalten.
Kinder, lernt Geschichte!

Wo waren wir stehen geblieben?

Empfehlung

In diesem Hotel, mein Herr,
werden Nachtigallen getrüffelt.
Der Vogelstimmen-Imitator trillert
und alle Köche schluchzen.
Als Fremden wird man Sie, mein Herr,
mit den eigenen Federn schmücken.
Bewundern Sie
die Kunst des Küchenpersonals!

Was gibt es zu schmausen, Padrone?

Risotto aus Königsgräbern
der sechsten Dynastie
Feldwebelschnauze aus Dosen
mit Kraut und Kokarden
und eingesalzene Finger
begnadeter Virtuosen.

Sie sind ein Genie, Padrone,
eine Kanone!

Noch eins:
wenn der Ober es wagen sollte, mein Herr,
Sie mit schmutzigen Stiefeln zu treten –
ein Wort
und das Schwein wird verbraten.
Und bitte nicht zu vergessen:
in diesem Hotel
wird die Tür um den Schlüssel gedreht.

Anrufe

Nachts zuweilen rufen mich Leute an
mit Stimmen wie aus alten Phonographen.
Es ist Regen dazwischen
und Knistern brennenden Reisigs.
Man kann sie so schwer erkennen.
Der Schuhmacher Böhme, vielleicht
ein gewisser Pasqual?

Es kann aber auch der Fremde sein,
der mir behilflich war mit der Taschenlampe,
als ich den Schlüssel verloren hatte,
und der Wind die Streichhölzer ausblies.
Ebensogut auch ein andrer.

Der Bauer aus Boltominowo,
dessen Pelz mit dem Schußloch im Rücken
einer trug, ein gewisser Zander,
wenige Tage nur
bis er fiel.
Vermutlich auch der.

Nachts zuweilen rufen mich Leute an
von entlegenen Ämtern,
rufen und teilen mir mit,
es sei kein Grund zur Besorgnis vorhanden
um die Scherben der grünen Flasche.
Alles käme zurecht.

Ein hellhöriges Haus

Es schlägt die Uhr der alten Frau
im Nebenzimmer halb zehn.
Ein Stockwerk darüber, im gleichen Bau,
hört man um diese Zeit genau,
wie zwei in Stellung gehn.

Und steigt das alte Reff ins Bett,
übt oben die Artillerie.
Auf dem Korridor rauscht das Spülklosett.
Da macht die kleine Midinett
ihr Gute-Nacht-Pipi.

Um elf hupt stets ein anderer Mann
ein blondes Gift vom Dach.
Dann meckert die Ziege nebenan,
weil sie die Dame nicht leiden kann
und murmelt wie ein Bach.

Um zwölf würgt sich ein Katzenvieh
durch das Loch der Ventilation.
Dann schweigt zwar oben die Artillerie,
doch jetzt ist Musik, und nun tanzen sie!
Und das Vieh jault monoton.

Die Alte wälzt sich aus dem Kahn
und macht das Futter warm,
klagt ihm ihr Leid im Baß-Sopran
und poltert dabei wie die Eisenbahn
auf dem Zwölffingerdarm.

Schlag eins schleicht bei der Midinett
sich jemand aus dem Geviert.
Im Flur empört sich das Parkett –
gleich tanzt die Hexe Menuett
und hustet und räsoniert.

Um zwei kommt meist mein Nachtbesuch,
die Schwalbe der »Prärie«.
Dann greift das Reff zum Liederbuch
und dann zur Flasche und dann zum Fluch
und flucht bis morgens früh.

Impromptu von der Verbrennung
des leeren Sackes

Hier rauchts, hier riechts,
hier knistert die Wand.
Hier wird der leere Sack verbrannt.

Was ist nur mit dem Himmel los?
Ein Eisberg, verwegen gemodelt,
segelt den Stadtrand an.
Auf seinem Rücken rodelt
eine Art Weihnachtsmann.
Die Sonne geht unter
sehr rot
sehr festlich.
Der leere Sack wird verbrannt.

Der Schornstein der Taucherkaserne
raucht heute enorm.
Fünf Jahre unter Wasser marschiert
in geteerter Uniform.
Nur Schlamm gefischt
und eingesackt
und Kot und Knochen ausgepackt.

Hier rauchts, hier riechts,
hier knistert die Wand.
Hier wird der leere Sack verbrannt.

Lift

Die alten Zinken verblassen.
Schnorren ist schwer.
Der Gewinn lohnt das Haarelassen
nicht mehr.

Man rechnet auf tausend Knauser
einen Klinkenbaron,
und auf den einen Lauser
ein Polizeibataillon.

Wer soll dich heben, Schlawiner?
Der Lift ist besetzt.
Du wirst vom kleinsten Verdiener
verpetzt.

Sie alle rupfen sich Wolle
für fünf Minuten Angst.
Ob du mit deiner Zibolle
durch die Bodenluke gelangst?

Da will schon ein Minister
mit dem Klavier auf's Dach.
Zieh schleunigst ein den Kanister,
sie mangeln dich flach!

Schreibabteil

Fräulein Thais bereit zum Diktat.
Bitte, der nächste Herr!
Datum soundsovielter.
Bezug: geblümt.
Betrifft:
Sagrotan und türkischer Honig.

Knöpft auf die Ohren beide
hier knistert es nach Seide.

Ihr freundliches Angebot
erwidern wir freundlich.
Absatz. Zwischenraum. Einzug.
Lieferung bloß
auf Blöße geschrieben …
Beehren wir uns
und so tiefer.

Seht an die Symbiose:
Hohlsaum und Gürtelrose.

Absatz. Zwischenraum. Dusche.
Hochachtungsvoll! Ihr Ergebener.
Ein Durchschlag kommt zu den Akten.
Bitte, der nächste Herr!
Fräulein Thais bereit zum Diktat.

Herr Urian

Ich sah Polyphem, geblendet,
einen roten Nagel im Auge.

Ich sah eine steinalte Hexe
mit Speichel die Laufmasche bremsen.

Ich sah eines toten Nordpolforschers
durchlöcherte Strümpfe
im überheizten Museum.

Ich hörte Marinaden
über Unterleibsbeschwerden klagen.

Ich sah den Schlachthausstempel
auf der Prothese
eines zerlegten Pferdes.

Ich sah einen Sarg im Bordell.
Ich hörte die Leiche gröhlen.
Ich glaube, sie lebte.

Kaleidoskop

Grün ist der Mond
wenn er als Gärtner verkleidet
das junge Gemüse
auf das Messer vereidigt.

Rot ist der Mond
wenn er in Moskau
unter den Veteranen
am Oktobermarsch teilnimmt.

Blau ist der Mond über Capri.

Weiß ist der Mond
wenn er im Nonnenkloster
die strenge Wäsche
der Novizinnen bügelt.

Schwarz ist der Mond
auf der Beerdigung
eines gelynchten Negers.

Schlagzeilenparade

Die Geschenke der Gottlosen
schreien gen Himmel.
Die Lage ist unbeständig
mit Niederschlägen, teils heiter.
Gelähmter Ritterkreuzträger
rammt Panzerwagen
mit Rollstuhl.
Durchwachsener Schweinebauch
auf Tierschutzweltkongreß
Opfer ungezählter Autogrammjäger.
Wir sind am Ende einer Epoche.
Die Symptome häufen sich:
Schäferstündchen im Gefängnis.
Wärter
foult im Strafraum
ledige Mutter.
Formvollendete Büste
sucht Sprechstundenhilfe.
Auch die Notzuchtverbrechen
an Miniaturgeigen
Wagnisse mehrdimensionaler Existenz.
Wer tauscht
unerforschlichen Ratschluß
gegen grünen Sittich?
Buffetfräulein
plötzlich und erwartet
entflogen.

Trauerfeier
nach Übereinkunft.
Die Spielregel bleibt:
Es dürfen keine freien Löcher übrigbleiben.

Die Frau am Steuer
Ein psychodiagnostischer Beitrag zum Kapitel
Sex und Verkehrsmittel
oder
Die Liebe geht durch den Wagen

Die Dame am Volant – ô voilà! –
auf Kot –
auf Flügeln schwebend ihres schnittigen Geliebten
aus Blech.
Diese Glätte! diese Kühle!
Distinguiert und teuer,
wie es sich gehört.

Ach, sie ist hingerissen ganz
von seinem Lack, und jede Schramme
wirkt einen Riß in ihrer Perlonseele.
Wie zärtlich winkt er mit dem Scheibenwischer!

O Sessel, Kautschuk,
Schaumbad der Umarmung!
O süße Armaturen!
Verchromter Nibbel, Nabel, Zapfen,
blanker Warzen
verführerisches Spiel!
Den Pinn fest in der Hinterhand
– : – – –
wie wohlig stöhnt er auf, der brave Kreuzer!

Madame
ist ganz plemplem von seinen Pferdekräften,
gehoben – na und wie!
vom Neid der vielen andern
Gänse ohne einen solchen
Auspuff.

Speisen bildet

Sie sollten gelegentlich verreisen
und in anderen Ländern anderes speisen,
wie wir es machen. Wir schmecken tiefer!
Wir bilden den Gaumen viel intensiver!
Wir kultivieren Darm und After
und leben wesentlich gestraffter!

Auf den Molukken essen wir immer
zum breakfast gebackenen Kohlentrimmer.
Wir haben auch scharfen Hahn probiert,
der wird auf Trinidad serviert.
Wir schätzen verlorene Mossuleier,
wir kennen gespickten Kragengeier,
gefüllte Pusztapflaumen mit Mais,
kalten Stationsvorsteher auf Gleis,
Lederhose à la Husar
und durchgedrehten Kommissar.

In einem Dorf auf dem Peloponnese
gibt es eine Art Roßgekröse,
das man auf Popenbärten brät –
eine besondere Spezialität!
Waren Sie mal in Sankt Johann?
Da heißt der Käse alter Mann;
der riecht so streng, daß die Scheiben beschlagen.
(Vorsicht bei geschlossenem Wagen!)

Kommen Sie erst nach Cul au mer!
Da haben wir unsere Köchin her.
Die bereitet aus Taubendung und Kaneel,
Kakerlaken und feinem Weizenmehl
einen Kuchen, den man nicht essen kann.
Wir essen ihn nicht. Wir bieten ihn an.

Erfahrungen

Manche fahren
durch die Straßen,
in die Wüste,
auf der Wolke,
andern übers Maul,
Gemisch,
hin und her,
links vorbei,
nach Washington zum Wagenwaschen,
zum Kaffeetrinken nach Treblinka,
nach Jerusalem zum Haareschneiden,
und erfahren nichts.

Manche fahren durch die Meere,
einen Tanker,
eine Arche,
einen Wal,
im Kanonenboot nach Kolchis,
Munition in die Arktis,
speien Meerschaum und Medusen
und behalten,
von dem, was sie erfuhren,
nichts.

Manche fahren
einen Lieferwagen,
einen Panzerwagen,
einen Kinderwagen,
Langholz,
Mist,
in den Graben,

aus dem Schlaf,
zum Schafott,
aus der Wäsche,
trocken durch den Schornstein,
naß,
über den Verdauungsschlauch der Fische,
durch ein Nadelöhr gen Himmel
und erfahren nichts.

Manche fahren
heim vom Pilzesuchen
und erfahren alles.
Auf den Bäuchen ihrer Weiber
steht gedruckt:
COCA COLA
DUPONT
UNILEVER
ARMY
FUCK YOU
YOURSELF!

Herbstliche Meditation
eines Sonntagsreiters

Es fallen die Blätter,
die Kurse,
Worte,
doofe und offne.
Nüchterne falln
und Besoffne.

Alles, was fällt,
bleibt liegen
oder wird aufgehoben.
Nichts fällt ins Nichts
oder nach oben.

Etliche fallen vom Stuhl,
von der Frau,
aus dem Bett,
vom Pferd,
vom Fleisch,
etliche unter die Wölfe,
die Haie, die Quallen.
Es ist mit uns
ein allgemeines großes Fallen.

Soldaten fallen nach Dienst
über die Mädchen her.
Gefallene Soldaten
können das leider
nicht mehr.

Gefallene Mädchen
stehn wieder auf
wie getretene Enten.
Wenn das doch auch
gefallene Soldaten könnten!

Es fallen die Blätter,
die Reiter,
die Repräsentanten,
Bomben und Metzen.
Alles fällt nach den bekannten
Meierschen Fallgesetzen.

MAFZ
oder
Die Story vom Niedergang einer Erfinderfamilie
durch Schicksal und eigene Schuld

Mein Mann war der Erfinder,
der ZIPS und MAFZ erfand.
Durch die **MA**use**F**alle mit **Z**ünder
wurde er weltbekannt.

Mein Glück, es ging mir flöten
durch Liebe zur Kreatur.
Es heißt: du sollst nicht töten!
und sinds auch Mäuse nur.

Ich gab die Geheimnisse weiter
an eine feindliche Macht,
die kam auf der Feuerleiter
gegen Mitternacht.

So geriet ich als schwache Gnitze
in den zwischenstaatlichen Knick
und fiel zerfetzt durch die Ritze
der hohen Politik.

Schuldig geschieden, drei Blagen,
und Verhaftung vom Fleck –
das war sozusagen
das Ende vom Speck.

Er ist in die Staaten gegangen,
mein Gatte, gebrochenen Leibs,
drüben die Mäuse zu fangen
für stars and stripes.

Nun wurde ich freundlich beraten,
intim und intern,
von Ratten und Psychopathen
und einflußreichen Herrn.

Sie hatten die sanfteste Grinse parat,
ließ ich sie bei mir ein,
und Hals und Beinkleid voll guten Rat,
aber nie einen Schein.

Ich steckte in lauter gutem Rat
bis über den BH.
Was nützt schon der fetteste Pfötchensalat
bei leerer Tombola?

Man spart vor lauter Edelsinn
am Ende den Weg zum Klo!
So wurde ich Unternehmerin
auf eigenes Risiko.

Drei Wochen rauschte der Maskenball,
dann platzte der Betrieb.
Es herrscht auch hier wie überall
das Mausefallenprinzip.

Jetzt sitze ich tief in der Patsche,
entblößt und bedroht.
Das ständige Betatsche
der Männer ist mein Brot.

Vereinnahmt von den Stenzen
als organisierte Maus,
führt dreimal-die-Falle-Schwänzen
zum physischen Garaus!

Mein Mann, der große Erfinder,
kam um beim letzten Fang.
Die Mausefalle mit Zünder
war unser Untergang.

Wurfsendung

Der Hundefängerkongreß in Nissen
ist außerordentlich, müssen Sie wissen.
Was Rang und Namen hat und Tölen,
fährt hin. Da dürfen auch Sie nicht fehlen!
Sie sind eingeladen. Steigen Sie ab
im Waldhotel »Zum Hundegrab«.

Da wird drei Wochen lang gewedelt,
getrimmt, gebimst, der Stamm veredelt,
da wird gekrochen und apportiert,
und wer es lernen will, probiert.
Da wird geschnüffelt und geleckt.
Da wird der dümmste Hund perfekt!
Den Damen reicht man zur Erfrischung
gekühlte Promenadenmischung,
die Herren rauchen Hundeschinn
und knurren leise vor sich hin.
Da wird der dicke Hund gebraten.
Was für einer? Sie dürfen raten!
Man macht sich lang auf einer Matte,
man frißt aus einer Hundesatte
und schnappt dabei dem Nebenmann
die Brocken weg und beißt ihn dann.

Sind Sie noch nicht vom Hund gebissen,
fahren Sie dieses Jahr nach Nissen!
Bellen Sie mit im »Hundegrab«,
und setzen Sie's von der Steuer ab!

Ich, Herr Schloch und die Relativität

Es geht mir relativ gut.
Ich stehe
auch meinen Mann im Gefecht.
Wenn ich dagegen Herrn Schloch besehe,
geht es mir schlecht.
Ihm leuchtet hinieden
die Gnadensonne des Herrn mit Wucht.
Er besitzt eine Villa nebst Jacht
im Süden,
in einer Bucht.
Er scheißt Moneten
öffentlich, illegitim.
Ich sitze am Arsch des Propheten
im Vergleich zu ihm.
Er liest meine Verse und lacht.
Und lädt mich ein.
Ich hätte ihn liebend gern umgebracht!
Das Schwein.
Ich tue es nicht, weil unsereins
das nicht tut.
Angesichts so eines Schweins
ist das relativ gut.
Zum Glück
betrügt seine Frau ihn mit mir.
Das ist relativ schön.
Doch er bekommt sie zurück
nach jedem Gefecht.
Und so besehn
geht es Herrn Schloch
relativ schlecht.

Verdieners Klage

Mein Haus ist voll Konservenmusik
meiner Tochter,
dem steilen Zahn.
Mein Weib möbliert unser Heim antik
und schwelgt im Größenwahn.

Sie pflegt,
wenn sie nicht Bridge studiert,
der Ruhe auf dem Balkon
und kommt mir,
wenn sich mein Gottlieb rührt,
mit manischer Depression.

Mein Sohn raucht Lullen und Fluppen
und macht kanische Schau
und einen Schüttelschuppen
aus unsrem Bau.

Meine Tochter kennt meine Ische
und erpreßt mich geschickt
für einen,
der sie bei Tische
in den Hintern zwickt.

Sie wollen mir alle ans Leben,
rück ich nicht raus den Brast.
Mein Sohn bleibt Ostern kleben.
So hat man schon seine Last.

Vorweihnachtliche Ansprache Noahs
an seine Töchter und Schwiegertöchter

Was soll ich euch schenken?
Ihr seid so satt!
Vielleicht noch hungert hin und wieder
euer Schamhaar,
und es dürsten die Nägel.

Was soll ich euch schenken,
wenn gewogen wird der Kehricht,
und die Tische krümmen sich
im entzückten Licht?
Ihr seid so satt!

Ich sandte einen Raben in den Dschungel,
die Schreie der Gefolterten zu sammeln
für euch.
Sie fielen ihm
aus dem Schnabel.

Ich sandte eine Elster in die Arktis,
herbeizuschaffen
die Stille aller längst verwehten Igloos.
Sie fiel ihr aus dem Ohr.

Ich gab den Ratten Auftrag, herzuschleppen
Haarlems schwarzen Hunger.
Er kam nicht an.

Nichts kann ich euch schenken,
nichts.
Schon wachsen euch die Augen zu, die Ohren.
Die Flüsse murren,
und es steigt die Flut.

Von der Wichtigkeit der Dinge
Tatsachen und Verhaltensweisen zum Zweck
eines glückhaften Lavierens durch die Untiefen
der Gesellschaft

Wichtig sind
nur die wichtigsten Punkte
Wichtig ist der erste Eindruck
wichtig ist das letzte Wort
Wichtig ist ein Taschentuch mitunter
der Anschluss nach Hollywood
schicke Unterwäsche
für das Callgirl
Schnee für Denver Colorado
und den Fudschijama
Wichtig ist
daß die Schilder nachts erleuchtet sind
daß die Enden aneinander passen
daß es alle sehen
daß es keiner sieht
daß es Zeugen gibt
daß es keine gibt
daß die Rechnung stimmt

Wichtig ist
daß man Stimme hält (als Sänger)
wichtiger das Maul
wenn man nichts zu sagen hat
Wichtig war zum Beispiel
das Paradies
für die Schlange und die Dichter
das Verlorene für Milton
(wichtiges Werk)

und nicht minder wichtig
auch der Wiener Kongreß
für die Handschuhmacher
und die Tagediebe
und schon immer wichtig
das Loch für den Schlüssel
und der Schlüssel für das Loch

Wichtig ist
das Frischhalten alten Fleisches
für den Schlachter
und den Film
die Resistenz der Parasiten
für die Aktionäre
Wichtig ist die Auferstehung
für die Toten
wichtiger der Tod
für die Bestatter
am wichtigsten Kredit

XII. Maler & Dichter + 1 Sänger

Catulls Tränen

Sicher war er schwer
lungenkrank der Junge
als er sich mit der Parkett-
schlange Pulcher übernahm.
Diese da sie ihren Lieblingssperling
totgefüttert hatte
weinte Krokodilstränen
vor dem unbrauchbaren Spielzeug
Jede Träne der Person
nahm der Dichter ernst und weinte
hadernd mit dem Tode
sie noch einmal nach
in der Elegie von Lesbias Untröstlichkeit
Verborgen aber in der Toga
ein Taschentuch voll Blut

Adrian Brouwer

Ich wünsch mir für den Winter einen Herd
mit Feuer drin, das wäre nicht verkehrt.
Im Schuppen Holz und weißes Brot im Schapp.
Im Keller Gerstenbier und Branntwein
                                        nicht zu knapp
und Fleisch im Rauch, auch einen Kübel Fett.
Vor allem eine schmucke Frau im Bett,
die meine Siebensachen beieinander hält.
Ich sause schon zu lange durch die Welt
und habs zu nichts gebracht bisher.
Den Seesack fraß das graue Meer.
Die Gulden zog mir aus der Tasche
das Weibervolk und die Geneverflasche.
Ade, ihr Straßen, Rummelplätze und Tavernen!
Ich will das Glück im Winkel kennenlernen.
Will fleißig sein, zufrieden und bescheiden.
Mein einzig Spiel bleibt das Grimassenschneiden.
Am Tage will ich viel Papier bemalen,
wofür die Leute, hoff ich, gutes Geld bezahlen.
Nachts aber lob ich mir das warme Nest,
schließ zu die Tür und feire Ehefest.
Dann mag der Himmel seine Schlossen schicken,
ich kann mich an den warmen Ofen drücken.
Die Füße stecken tief in Filzpantinen.
Wie ist das schön, wenn hinter den Gardinen
das Volk vermummt in winterlicher Tracht
vorübereilt. Verschneit sind Teich und Gracht.

Die Zeichenfeder kratzt auf dem Papiere,
die Pfeife qualmt. O Himmel, ich skizziere
mir was aus meinen bunten Stromerjahren,
als mir die Füße blaugefroren waren.
Froh stippt man seine Brezel in den Tee.
Derweil stapft draußen durch den hohen Schnee
ein armes Luder, malerisch zerfranzt.
Hei, wie das dumme Herz im Leibe tanzt!
Da kommt es vor, daß man ganz plötzlich lacht
vor Freude, daß mans hinter sich gebracht.
Nur fürcht ich, wenns im lauen Wind
von allen Dächern wieder tropft und rinnt
und Hummeln um die Anemonen kreisen,
kommt mir die Lust, in alle Welt zu reisen,
und ausgeträumt ist dann mein Wintertraum.
Die Nachtigall frohlockt im Apfelbaum,
die Fischerboote gleiten in die See.
Mir juckt das Fell längst auf dem Kanapée.
Und eines Morgens, eh die Hähne krähn,
sieht mich der Sperling aus dem Hause gehn.
Der Kunde winkt. Es lacht der Leiermann,
und schwatzend schließt der Vagabund sich an.
Mein gutes Mädchen aber bleibt nicht lang allein.
Ich ziehe aus – ein kleiner Strolch zieht ein.

Kuhlmannsend

oder

Das große Nitschewo

Im Jahre 1689 wurde der Dichter und Prophet
seiner eigenen Religion Quirinus Kuhlmann
im Alter von 38 Jahren zu Moskau
öffentlich verbrannt
Er wollte alle Völker der Welt in Christus einen

Quirinus Kuhlmann stand am Pfahl
die Popen
unterm Schirme Seiner Majestät des Zaren
Nitschewo
und alle unterm Schirm des Höchsten
NITSCHEWO
Der Himmel weinte
(für 5 Kopeken)
Aus der Wolke aber schoß kein Strahl
Und war viel Volk gekommen
zu sehen siegen oder brennen
den Propheten

Triumph Mephisto!
hörte man ihn beten

Aufs Haupte mir herniedersink o Kron
der Union
der Völker all in Christo
Er betete laut
und er betete stumm
doch die Glocken läuteten andersherum
nitschewo nitschewo nitschewo

Anfangs schien das Feuer nicht so recht zu wollen
da halfen sie mit Wachs und Werg
und als es lohte
eine Taube kam hernieder
eine rote
und setzte sich (so heißt es)
auf seine Schulter halleluja
Es roch noch lange nach verbranntem Fleisch
der Himmel klarte auf
zwei Bauernweiber wurden totgetrampelt
und das war alles
nitschewo

Später zeichnete Picasso jene Taube
für die Genossen
ohne an Quirin zu denken
der die Faust schon ballte
300 Jahre vorher immerhin
Nur meinte er den Teufel
leider Lenins

Johann Christian Günther
Miniaturbild des Dichters

Frühmorgens stolziern die Studenten,
das Buch untern Ärmel geklemmt,
vorüber an meiner Kafalle.
Ich stehe am Fenster und lalle
und hebe zum Gruß das Hemd.

Mich zieht es zu einem Folianten,
der nicht auf den Brettern verdreckt,
und greif ich zu ledernen Schwarten,
dann nur zu den frischen, behaarten,
in denen das Leben steckt.

Da wackeln die hohen Perücken
der Magnifizenzen empört.
Ich baue im Bett mein Examen,
studier die Pandikten der Damen
und was noch dazu gehört.

Ich trage den Anspruch auf Würde,
Soutane, Barett und Ornat
mitsamt Fakultät und Magister
ins Leihhaus und stifte dem Küster
den Zehnten vom Pfennigskat.

Das Faß ist die trefflichste Kanzel,
die beste Gemeinde das Pack.
Stört einer die rauschende Messe,
garniert mein Rapier ihm die Fresse,
die Kanne mit Bier den Frack.

Der junge Klopstock

Schöner Mond,
Orion und Eis!
Klopstock wollte Kattunhändler werden
in Übersee.
Aber der Schnee war wie Licht
und dunkel der Fluß.

Wenn er Schlittschuh lief,
fiel ihm gern ein Schöneres ein:
ein Frauenzimmer,
ein Dekolleté,
ein kurz, ein lang,
ein Für-beinahe-immer.
Und ein Stück Messiade.

Stockholm,
in einer Sommernacht,
kurz vor Ausbruch des Krieges 1788

Personen:
Bellman, Dichter der Schweden
Gustav III., König der Schweden
Ort:
Schloß Haga

In die Hucke gehend,
nach Mitternacht,
auf Haga, hinter einer Hecke,
denkt Bellman:
Wie gut, daß ich nicht Gustav heiße,
unsereinem kann die Krone
dabei nicht runterfallen.
Dank, ihr Götter,
daß ihr mir dies Geschäft vergönnet
noch im Frieden.
Der König hockt
auf Marsens schwarzen Eiern
und brütet Krieg.
Bald steht auf unsren Küchenzetteln
Laub und Rinde!
Der arme Arsch
wird um sein Recht betrogen!

He, Bellman!
Revolte da im Busch?
Ist er des Teufels?

O Majestät!
Pardon!
Der Darm, das Intestinum, nota bene,
erlaubte sich zu räsonieren.
Skål, Gustav, skål!
Es lebe König Gustav!

Eine Dame namens Hahn

Eine Dame namens Hahn
machte den Professor Gottfried August
Bürger zum Hahnrei.
Außer Bürger hatten alle Bürger
das erwartet.

Kubisch

Je älter aber wurde
der fromme Herr Cézanne
um so kubischer
ward sein Schädel

kubisch auch
wurden Bauch und Zwerchfell
und die anfangs
flächige Vergeßlichkeit

Längst schon waren kubisch
der Priester und die Messe
Madame Cézanne
Hut Zwiebel
Pfanne
und die Badewanne

da wurde plötzlich auch
sein Atem kubisch
die Sprache
sein Gang
sein Abgang schließlich
und am Ende
der Preis seiner Bilder

Gauguin

Das war schon
ein gewaltiger Sprung
von der Börse
in die Farbe
und dann übers Meer
Aber was
sollte dieser Banker machen
gegen sein Blut?
Er mußte
seine Ehe in die Pfanne hauen
und zu Farbe machen
mußte
Frankreich in die Pfanne hauen
und zu Farbe machen
Vincent
die Vahinés
mußte
seinen eigenen Wechselbalg verpulvern
um daraus Gauguin zu brennen
in der Glut Tahitis

Ein gewisses Gelb

Gelbe Schuhe trugen
safrangelbe Schuhe
Thais und Phryne
Gelbe Hüte trugen
honiggelbe Tüten
die burgundischen
Kurtisanen

Lange gelbe Strümpfe
trägt die Frühlingssonne
in den Haselbüschen
wo das Eichhorn wohnt
aller Nußknacker
Schutzpatron

Gelb ist die Imkerei
gelb ist die Bienenernte
gelb der Cognac
der Urin
Gelb war das Bordell gestrichen
Gelb ist der Teint
der fäkalischen Götter

Van Gogh
aß Gelb

G.

Giacometti machte uns
einen Hund aus Bronze
Armer Hund
sagte er
Dieser Hund bin ich

In Bodrum sah ich ihn dann laufen
Er war vergiftet
Die Moslems jagten ihn ins Meer
Es gibt zu viele Hunde
sagten sie

In Småland sah ich ihn noch einmal
als ihn Petersson erschlug
mit dem Hammer
aus Sparsamkeit

Es gibt zu viele
Giacomettis

Hommage à Peynet

Das rapsgelbe Automobil
mit Veilchensträußen im Auspuff
und roten Rädern
hält, wenn es Vesper geläutet hat
und die Konstellation der Korinthen
im Guglhupf günstig ist,
vor dem alten Château Brouillard.

Mit der tropfenden Himbeereistorte
auf dem Nickeltablett,
hüpft Demoiselle Jamais
den Kiesweg hinab in die Laube,
hinter dem Perlhuhnzwinger,
stellt sie mir auf den wackligen Tisch
der schönen Erinnerungen
und schreibt in die schmelzende Creme
mit dem kleinen Finger:
Je t'aime.

Auf den Schroffen der Gebirge

Auf den Schroffen der Gebirge geht
auch die Wolke zu Fuß
Dieser schöne Satz
von Graßhoff
gewinnt an Tiefe
je länger wir ihn nicht verstehen

Radio

Das Kind
sucht den kleinen Mann
der im Kasten sitzt
und singt

Das ist CARUSO
sagt die große Schwester
der ist schon lange tot

Wenn die Toten
sagt das Kind
so schön singen können
möchte ich
tot sein

XIII. Ich

Kurzer Lebens- und Todeslauf

Zuerst war ich ein Kieselstein
und lebte in der Bode.
Ein Bergrat vom Geol. Verein,
der klopfte mich zu Tode.

Ich wuchs darauf als Wegerich
an einer Wirtshausecke.
Die Gäste aber brachten mich
erbarmungslos zur Strecke.

Dann wurde ich ein Murmeltier
im Hochland der Karpathen,
daselbst nach einem Bleiklistier
in Bohnerwachs gebraten.

Schon wieder bin ich auf der Welt
als Stromer und als Dichter;
ernähre mich von VERSENgeld
und leuchte im Gelichter.

Meine Asche mein Rauch

Mitten in der Nacht
ruft mich einer
Es ist Krieg ruft er
du mußt fliehen

Mitten in der Nacht
schau ich aus dem Fenster
sehe fliehen mich
sehe brennen mich
und verwehen meinen Rauch

Und ich packe meinen Koffer
und ich gehe
                aus dem
                        Haus
mitten in der Nacht
wende mich noch einmal um
sehe hinterm Fenster mich
bei der Lampe
vor dem Spiegel stehn und sagen
Es ist Krieg
du mußt fliehen

Und ich nehme meinen Koffer
                in das Haus
        zurück
ich gehe
mitten in der Nacht
im Kriege

Verbrannt ist mein Bett
zerspellt ist der Spiegel
zertrümmert die Lampe
Doch erkennt mich meine Asche
und sie grüßt meinen Rauch

Paßkontrolle

Ich soll meinen Ausweis zeigen.
Ich hab ihn verloren.
Ich soll meine Briefe zeigen.
Sie sind verbrannt.
Ich muß meinen Koffer öffnen.
Er ist leer.
Wer bin ich?
Der Spiegel zeigt mir einen,
der mir die Zunge zeigt.

Schwarze Asche

Über der Kerze
verbrennt ein Haar.

Als seine Hauptstadt fiel
zündete Kaiser Tschu-Sin
den Palast an.
Tausende Ballen Seide
er und seine Maitresse
gingen in Flammen auf.

Nein
seinerzeit bin ich nicht
in Berlin gewesen.

Qui vive

Unentwegt arbeiten die Kommandos
der roten Ameise
am Abbruch des Hauses.
Blitze erkunden die Stellung der Ziegel,
und der Regen greift an.

Moos und Kresse,
die mir den Weg schmälern,
rechnen mit meinem Auszug.
Der Kleiderhaken neben der Tür:
gekrümmter Finger am Abzug.

Unmerklich verbraucht sich mein Widerstand.
Dunkel sehe ich mich
auf geblümter Tapete die Hände heben,
wenn ich mein Hemd ablege am Abend,
und die Lampe steht hinter mir.

Blues

Rosa nasses Löschpapier
zerrissen –
keiner sucht es
keiner wird's vermissen.
Laßt es liegen, Kinder,
laßt es liegen.
Löschpapier ist überall zu kriegen.

Seht, zwei Tintenkleckse
blaß zerronnen:
Säuferaugen
tote Whiskysonnen.
Laßt sie schwimmen, Kinder,
laßt sie laufen.
Tinte gibt es überall zu kaufen.

Wenn der Regen kommt,
der große Regen,
wird er's sicher
in den Gully fegen.
Wird's durchlöchern, Kinder,
wird's durchsieben –
Löschpapier mit mir beschrieben.

Ökologie

In meinem Ort
wohnt der Staatsanwalt
auf dem Galgenberg,
wohnt der Doktor
gleich am Friedhof,
baut der Pastor
dicht an Wasser,
haust die Ratte
in der Zwische,
zieht der Krebs
in die leeren Schneckenhäuser.

Mir, an den Spiegel zu stecken

Laß dich vom Schnapsvertreter
nicht zur Beerdigung laden!
Du hast es später
nur auszubaden.
Häng dir an deine Tapeten
nicht Leute,
die runterfallen, wenn sie sterben.
Fürchte dich nicht,
in jeglichen Hintern zu treten!
Es gibt keine Scherben. –
Du hast nur dich
und dein Bündel.
Und nur eine Pflicht:
an die Ecke zu gehn, drückt dir die Blase.
Schreib dein Gedicht
dem Gesindel
mit der Faust auf die Nase.

Die Stadt, in der ich wohne

Die Stadt durchschreitend,
in der ich wohnhaft bin,
bemerke ich Leute
mit und ohne Krempe.
Manche
haben einen Riemen um den Bauch
mit Püster und Plempe.

Die Stadt durchschreitend,
bemerke ich Leute
mit und ohne Töle.
Und alle – wie überall –
schleppen sie Beute
in ihre Höhle.

Die Stadt durchschreitend,
begleitet mich böses Getöse
von Hit zu Hot.
Und blubbernd auf Pneu
Möse bei Möse
im Ozelot.

Die Stadt durchforschend,
treffe ich eine getupfte Pute
am Stock.

Zwei adlige, gekreuzte Knochen
vor der Schute
und siebzig faule Eier
unterm Rock.

Die Stadt durchschreitend,
pralle ich gegen
Vertreterbäuche.
Sie fahren Auto und sind konfirmiert.
Sie betreiben mit Anstand
die Auspuffseuche
auch in meinem Geviert.

Die Stadt durchforschend,
seh ich sie in den Pennalen
lateinisch die Zunge blecken
und lehren und üben,
den alten Schakalen
lateinisch den Arsch zu lecken.

Die Stadt durchforschend,
erstick ich im Mief
muffiger Roben.
Höre sie Knebel und Knief,
Reputation
und ihren Speichel loben.

Die Stadt durchschreitend,
les ich auf Wahlplakaten
an Wänden und Eichen
die Todesdaten der Kandidaten.
Na also:
ich wollte doch sagen,
es riecht nach Leichen.

Mond über Småland

Mein kleiner Sohn zeigt mir den Mond.
Sapperlot, da ist er wieder!
Ich hatte ihn schon abgeschrieben.
Der alte Nußknackermond!
Der gute Lämmerhirt,
der Strümpfe strickt nach Hausmacherart
und Kalendersprüche Gellerts
auf den Schulweg der Kinder streut.
Der Bienenvater,
der goldene Imker,
der nach Anis und gemähten Wiesen duftet,
seine Füße gern in den Dorfteich tunkt,
wenn es niemand sieht,
und den Hasen die Bärte putzt.

Er muß vertauscht gewesen sein
mit einem Filou,
einer niederträchtigen Imitation,
einem hämischen Blechnapfgesicht,
einem Robotermond,
der sich im Sumpf des Pripets sielte
und Blut soff.

Wir wollen ihn freundlich grüßen, den Alten.
Wer weiß, wo er eingesperrt war
so lange
und was er hat durchmachen müssen.
Hoffentlich bleibt er uns nun,
der Gute.

Scheune auf Storegården

Schon lange beobachtet mich
aus verklemmter Lukenspalte
die Scheune, die alte
schorfige Squaw
am Rande des Brennesseldschungels,
wo sie die Steine hütet.
Da hockt sie und brütet
auf Mausdreck und stellt sich taub.

Ich weiß, was sie denkt
hinter der Schindelstirn
in ihrem Sparrengehirn,
wenn ich Wasser zur Küche trage
oder Holz für den Winter schlage:
Staub.

Das Fliegensterben

Beiläufig
beim Rasieren
sehe ich im Spiegel
ein großes allgemeines
Fliegensterben auf dem Fensterbrett
Mann
sage ich zu dem
der sich da rasiert
da ist wieder so ein ganzer Pulk
am Verrecken
        Hier und da
        schurrt noch was im Weißen
        aber bis zum Lager
        schafft das keiner
        Alle gehen wir hier ein
        wie die Fliegen

Beiläufig
öffne ich das Fenster
und beseitige das Ungeziefer
        Auf dem Bauch
        schleppe ich mich durch den Schnee

Mann
sage ich du wirst es schaffen
und dann denkst du
wenn du es geschafft hast
daß du dachtest
niemals würdest du es schaffen
Nur noch einer
von dem ganzen Haufen
hat es auch geschafft
Schnake Theo
Der
fährt jetzt einen Porsche Super

Soliloquium sentimentale

Sieh an dir das Gras
der Straße!
Ein jeglicher Halm
hofft durchzukommen
wie du.
Durch die Dürre.
Durch den Winter.
Durch die Jahre.
Aber wozu?

Sieh an dir das Gras,
wie es hofft!
Und wird nur getreten,
Graßhoff,
wie du so oft.

Sieh es dir an,
das getretene Gras!
Es richtet sich auf,
Graßhoff,
und hofft.
Aber worauf?

Einmal wird man dich shanghaien

Auf der Brücke Schweigestill
wird man dich shanghaien.
Keiner, wenn er helfen will,
kann dich mehr befreien.

Auf dem Flusse Achsolang
gleite, treibe, fahre.
Unter einer Ruderbank
liegst du tausend Jahre.

Nach der Insel Weißnichtwo
wird man dich entführen.
Als ein weißer Domino
darfst du dort gastieren.

Auskunft über mein Land

Unser Land
ist bewohnt von Leuten
und von mir
Wir begrüßen freundlich uns am Morgen
und beschießen uns
wenn es dunkel wird
auf der Breitwand

Alle Güterzüge sind hier länger
als anderswo
und die Straßen durchweg illustriert
Alle Fahrer haben
eine Nase mit zwei Löchern
An den Highways liegen oft
tote Skunks

Seine liebe Not
hat der Sommerwind
mit den mancherlei Gestellen im Gelände
such of many million dollars
all den vielen
frommen Schaukelstühlen
und den tausend nassen Fahnen

in der Winternacht
fällt das Salböl schwarz vom Himmel
und die Fische
weinen unterm Eis
Niemals sah ich
einen Baum sich wärmen bei McDonalds
und in keinem Steakhouse
einen heilen Ochsen

Halbmond

Gern gedenke ich des Daumens
meiner Großmutter der
beim Kartoffelschälen
eine wunderbare Krümmung hatte
wie der halbe räucherspeck-
weiße Mond
wenn er abends aus dem Nußbaum kroch

Krieg war hinter Struves Scheune
tief im Westen wo die Sonne sich
nachts versteckte
und ich malte vor dem Zelt
ihres roten Unterrockes
einen Fluß auf die Schwelle
und ein Haus mit vielen Bäumen

Immer wenn der halbe Mond
aus dem River steigt
über Baum und Haus
mit dem wunderbaren Daumen
meine Großmutter schält
die Kartoffeln in die grüne
Schüssel der Nacht

Endgedicht

Eben war es doch noch hell
Tanzten wir nicht eben noch
uns erkennend unterm Fliegenfänger
ums Geselchte?
Lasen wir nicht eben noch
uns die Zeit von Bart und Wimper?

Stritten wir nicht eben noch
uns um Mohn und Rübsen
das Loch im Faß
den Sprung im Krug
die Borste im Brot?

Wo ist das Gespräch des Flusses
mit den lauschenden Muscheln?
Eben war doch noch Gesang und Atem
im geduldigen Gras
und das Läuten über uns
der Aeroplane

Eben wollten wir uns noch
neue Kleider machen neue Hüte
Recht behalten hat
die Posaune in den U-Bahnschächten
und es erfüllen sich
die Gebete der Viren

Anhang

Nachwort

Flaschenpost mit Weltgeist
Fritz Graßhoff, der Dichter
Von Joachim Kersten

Er ist vergessen. Er paßt nicht in die Schubfächer der
literarischen Ordnungshüter. Im Marbacher Literatur-
archiv findet sich kaum eine Spur; sein Nachlaß liegt
unerschlossen in Kanada. Dabei hat keiner wie er Geist
und Ton der Zeit nach dem totalen Zusammenbruch des
niedergekämpften Nazi-Deutschland getroffen und den
darauf folgenden verdrängerischen Muff und ellenbo-
genhaften Ehrgeiz der 50er und 60er Jahre angegriffen
und verhohnepipelt.

Er nährte sich und die Seinen von Schlagertexten, die
er in keine seiner Gedichtsammlungen aufnahm, weil
sie nach seiner Ansicht »mit der Literatur nichts zu tun
haben«. Um Popularität, um öffentliche Anerkennung
scherte er sich nicht, sie war ihm nichts wert. Er gehörte
keiner Akademie, keinem Verein, keiner Gruppe 47 an,
blieb Einzelgänger, war nie Kollege oder Kumpel, bekam
nie einen Preis. Er wollte seine Freiheit.

Der Dichter war auch Maler. Einen »Brunnen mit zwei
Wasserspeiern« nannte er sich. Berühmt wurde allein
seine *Halunkenpostille*, die von 1947 an fünf Auflagen er-
reichte – jedesmal in vom Autor veränderter Auswahl
und Illustration. Sie war mit insgesamt circa 300 000 ver-
kauften Exemplaren sein einziger Longseller.
  Fritz Graßhoffs Vorfahren kamen aus der Altmark,

aus England, aus Schweden, aus West- und Ostpreußen, aus Polen und Litauen. Sein Vater Friedrich Otto Graßhoff stammte aus Stendal. Dessen Vater besaß dort eine Schnapsbrennerei und handelte mit Wein und Spirituosen en gros. Otto, wie er genannt wurde, zog es zur See; er wurde Kapitän und sah in neun Jahren die Welt. Dann erbte er beträchtlich, ging an Land und lernte in Bernburg an der Saale Katharina Frucht kennen, heiratete sie und wurde Kohlenhändler in Quedlinburg, der Bettelmusikanten-, Blumen- und Klopstock-Stadt am Rande des Harzes.

In der Straße Augustiner 88 wurde Fritz Graßhoff am 9. Dezember 1913 geboren – auf Kohlen sozusagen. Er wuchs auf – wie er stets betonte – »zwischen Koksbergen, Bumskneipen, Schlägern und entsprechendem Damenflor«, »in einer Proletarierstraße als Sohn eines Dickkopfes, gewesenen Kapitäns und Wahl-Bauern, der mit seiner Sehnsucht zur Scholle nicht zu Rande kam«.

Hier wurde sein kritisches politisches Bewußtsein geweckt, seine, wie er sagte, »Skepsis an den Wörtern, den Sachverhalten und der Weltordnung«. Er lernte, ohne es zu merken, im Geburtsort Klopstocks das »Jenisch« der Bettelmusikanten, betrogenen Betrüger und Zugvögel, die hier ihr Standquartier hatten. Dieser Vorschule des Rotwelschen, amalgamiert mit Französisch, Jiddisch und Quedlinburger Platt verdankt seine Sprache ihre kräftigen, pfiffigen, unverwechselbaren Töne. »Sprache, die Dichtersprache ist dort am kräftigsten, ist plastisch, überzeugend, wo sie Mundart aufnimmt«, hat Peter Rühmkorf befunden. Seine schönsten Kindheitserinnerungen, so erzählte der alte Graßhoff, seien mit seiner Stiefgroßmutter, ihrem Haus und dem wunderschönen Garten verbunden. Das Gedicht *Halbmond* erinnert daran.

Schon mit vier Jahren wollte der kleine Fritz »Mensch- und Tiermaler« werden. Später erzählte Graßhoff, »ehe ich an die Bleistifte kam, wollte ich Prophet werden, Wahrsager oder Zauberer, was ich für ein und dasselbe hielt. Wenn es Leute gab, die das geworden waren, warum sollte ich es nicht auch werden können? Aber die Großen brachten mich davon ab. Ich mußte zählen lernen, Rüben verziehen, den-Löffel-in-die-rechte-Handnehmen und einen Diener machen.«

1918 begann für ihn die Schule. Er war Linkshänder, das wurde ihm ausgetrieben – aber zum Malen benutzte er stets die linke. Auf dem humanistischen Melanchthon-Gymnasium lernte er Latein und Griechisch und hatte einen tollen Zeichenlehrer, Heinrich Kollmeyer, den er zeitlebens verehrte. Er schloß dem Jungen nicht nur Toulouse-Lautrec, sondern auch die Tür zur Moderne auf, zu: Paul Klee, Carl Hofer, Max Pechstein und Oskar Kokoschka.

Sein Talent zum Schreiben erklärte sich Fritz Graß- hoff im Alter so: »Überwiegend war anfangs das Bild. Ich führe das darauf zurück, daß ich Linkshänder war. Und ich glaube, obwohl ich kein Gehirnspezialist bin, daß die eine Gehirnhälfte das Bild beherbergt und die andere das Wort. Mit dem Augenblick, wo ich zum Rechtshän- der erzogen wurde, kam plötzlich auch das Wort dazu. Zuerst war ich nur ein Mann, der Bilder malte. Aber da- durch, daß man mich zum Rechtshänder erzogen hat, kam plötzlich die Schreibe in Gang. Ich fing an zu dich- ten.«

In einem bisher nicht vollständig veröffentlichten *Lebenslauf oder Wie ich das Fürchten lernte* von 1989 hat Fritz Graßhoff die aufkommende Nazizeit geschildert. Sein Gymnasium trug an der Stirnseite die Devise: DOC-

TRINAE SAPIENTIAE PIETATI. Das Gymnasium war 1540 unter dem Einfluß von Melanchthon gegründet: »Doch siehe: nix von Weisheit, nix von Pietät. Ich erinnere mich, daß alle meine Studienräte – bis auf drei, die mich ›links‹ ausgerichtet hatten – an einem Tag im März 1933 plötzlich in braunen Uniformen erschienen. Sieg – Heil! Oh, wie das den armen Schüler verwirrte.« Der bestand in diesem Jahr das Abitur. Doch sein Vater hatte sich 1927 auf die Landwirtschaft geworfen. »Das war sein Traum«, erzählte Graßhoff später, »aus dem ihn die Pleite weckte. Er ist als Bauer untergegangen. Für meine Ausbildung war das ein Schlag ins Kontor.« Ohne Geld war es »Essig« mit dem erwünschten Studium der Germanistik, der Kunstgeschichte und den orientalischen Sprachen.

Um Restaurator zu werden, begann der Abiturient Fritz Graßhoff die Lehre bei einem Kirchenmaler. Das verhinderte Studium versuchte er durch intensive Lektüre wettzumachen. In einem Gespräch mit der Germanistin Maria Katharina Grote 1996 schilderte er: »Als ich aus meiner Malerlehre nach Hause kam, habe ich Gedichte gelesen und danach versucht, selbst welche zu verfassen, die ich dann später weggeschmissen habe. Aber es ist der Fundus, die Grundlage meiner späteren Arbeiten. In der *Halunkenpostille* tauchen Gedichte auf, die ich mit 19 Jahren geschrieben habe.« Gedichte schrieb er auch während des Krieges in Rußland. 1978 in einem Interview fügte er hinzu: »Lyrik ist ja wohl zunächst Selbstgespräch, intime Mitteilung, Kassiber an sich selbst. Sie ist Medium des Einsamen. Nie war ich so allein wie im Kriege in Rußland.«

Mit der Kirchenmalerlehre, die ihn bald anödete, machte er Schluß, als ihm der Weg eröffnet wurde, als Journalist und Pressezeichner bei einem Provinzblatt

mitzuarbeiten. In seinem Lebenslauf von 1989 deutete er
an, was 2010 durch den Historiker Bernhard Strebel Ge-
wißheit wurde: »Er lernte den Journalismus, wobei er den
Nazipressungen nicht entging.« Um an der Berliner Pres-
seschule zugelassen zu werden, wurde Fritz Graßhoff
am 1. Mai 1937 mit der Nummer 6038064 Mitglied der
NSDAP. Nazi wurde er nicht. »Hier nun hatte ich Gele-
genheit, weiterhin im Fürchten Fortschritte zu machen«,
heißt es weiter im Lebenslauf. »Die schwerste Arbeit je-
ner Zeit aber war, sich durch die Organisationszwänge
der Gleichschalter hindurchzulavieren, denn man war
allein auf ›brauner Flur‹ und jeder Pflasterstein hatte Oh-
ren.« Eine Quedlinburger Zeitzeugin berichtete, er sei
links gewesen; sie besaß noch eine Fotografie, auf der er
Hitler karikierte.

Nach einem Vierteljahr auf der Presseschule in Berlin
fing er in Quedlinburg bei der Zeitung *Der Mitteldeutsche*
an und arbeitete dort als Journalist und Pressezeichner.
Als er endlich genug Geld fürs Studium beisammen hat-
te, um sich an der Universität Leipzig und an der Kunst-
akademie zugleich einschreiben zu lassen, wurde er 1938
zum Reichsarbeitsdienst in den Harz eingezogen und
danach sogleich zum Militär, nach Hannover zur Panzer-
abwehr. Man wollte ihn zum Offizier machen, das wollte
er nicht und blieb Gefreiter. Während eines Urlaubs aus
Frankreich heiratete er im Jahre 1939 die Tochter eines
Italieners. Aus einem Antrag auf Studienurlaub wurde
nichts, weil inzwischen der »totale Krieg« ausgerufen
und in Rußland exekutiert wurde. Graßhoff begann zu
malen. 1943 fand im Felde ein Wettbewerb statt; er reich-
te Texte und Bilder ein und gewann in beiden Disziplinen
den 1. Armeepreis, was zu seiner Versetzung weg von
der Front in Rußland führte, um sein Talent »vor dem

Verheiztwerden« zu bewahren. Er wurde in der Etappe Kartenzeichner und konnte Bilder malen und diese sogar verkaufen.

Am Ende des Krieges desertierte der Stabsgefreite Fritz G. in zwei Tages- und Nachtmärschen unter Todesgefahr an der SS vorbei zu den Amerikanern, gelangte in englische Kriegsgefangenschaft. Hier lernte er den Schauspieler Mathias Wieman kennen und schrieb auf dessen Anregung das *Heiligenhafener Sternsingerspiel*, das am 1. Advent 1945 im holsteinischen Schönwalde Premiere hatte und bis zum Heiligen Dreikönigstag 1946 insgesamt 48 mal in Kirchen, Reithallen, Sälen und Scheunen gespielt und sogar vom neugegründeten NWDR gesendet wurde. Zur Aufnahme erhielten die Gefangenen eine Sondergenehmigung der englischen Bewacher.

Im Lager wurde neben dem Sternsingerspiel auch ein Heft mit Fritz Graßhoffs Gedichten gedruckt: *Zeltlieder und Barackenverse*, beide erschienen 1945 in Lütjenburg/ Holstein bei der Deutschen Verlagsanstalt J. M. Klopp (Pächter Herbert Hawel). Selbst eine englische Ausgabe des Sternsingerspiels gab es, damit die Bewacher folgen konnten. Hierdurch entstand eine Verbindung zu dem Hamburger Verleger Johannes Angelus Keune, in dessen Verlag 1947 der erste richtige Gedichtband, *Hoorter Brevier*, erschien.

Auf diese Verse trifft zu, was Peter Rühmkorf in seinem Essay *Das lyrische Weltbild der Nachkriegsdeutschen* den Gedichten von Günter Eich attestiert hat: »Keine heilig beschworenen Vorsätze, keine Blankowechsel auf die Zukunft, sondern: die gezielte Nüchternheit der Bestandsaufnahme. Und wo der Name des Menschen neu geschrieben wird, dort nicht auf Ruhmestafeln und Ehrenmale, sondern auf die leere Konservendose. Das Ich definiert sich als vorläufig; seine Hoffnung bezieht sich auf die vorhandenen Restbestände; der Radius der Besitznahme ist auf die Reichweite des Armes reduziert.«

Nach der Entlassung aus der Gefangenschaft im Januar 1946 ging Graßhoff nicht zurück nach Quedlinburg, wo seine Eltern noch lebten. Seine Ehe war inzwischen in die Brüche gegangen – in der sowjetisch besetzten Ostzone sah er keine Zukunft. Er ging nach Celle, das er als Soldat auf dem Weg ins Manöver gestreift hatte. Später erinnerte er sich: »Ich wohnte in Celle im Niedersächsischen, weil ich in der Bienenreichen hängengeblieben war, als das elende Vagabundieren mit dem Schießprügel ein Ende hatte, die Weltfettlücke einriß, die Zigarettenwährung begann, und ich hier die drei zum Wohnen notwendigen Kubikmeter erwischte.«

Im August 1947 fand im Celler Schlößchen die erste Ausstellung mit Bildern und Zeichnungen von Fritz Graßhoff statt: 35 Gemälde, 75 Zeichnungen, 27 Aquarelle, 15 Pfefferkuchenbilder aus dem Jahre 1942 und 17 Illustrationen zur *Halunkenpostille*, also mit 179 Arbeiten eine umfangreiche Schau. Graßhoff kommentierte sie 1970 so: »Die Bilder waren noch durchwachsen. Man lernt.« Im Begleitheft wurden auch einige Gedichte abgedruckt, wie *Kurzer Lebens- und Todeslauf*, und die Zeilen *Da hat sich mancher schon geirrt* aus dem *Heiligenhafener Sternsingerspiel*.

In Celle heiratete er 1950 seine zweite Frau Roswitha Freudenberg, die er auf der Celler Ausstellung kennengelernt hatte und in deren Elternhaus er 1949 gezogen war. Der Vater war Elektro-Ingenieur und besaß ein Lampengeschäft. »Sie half ihm über die schwere Zeit nach der Gefangenschaft und den Neuanfang in Celle hinweg«, berichtet Maria Katharina Grote. Und – wie es im *Blauen Heinrich* heißt: »Die erste Ehe, Heini, macht man sowieso in Kladde.« Er selber gestand, Roswitha habe ihn am »Allewerden« gehindert. In ihrem Elternhaus in der Bahnhofstraße 4 richtete er sich im Gartenhaus ein Atelier ein, schrieb und zeichnete als freier Mitarbeiter Bildergeschichten für den *Celler Kurier* (nicht die postnazistische *Cellesche Zeitung*), und gestaltete eine Rubrik *Herr Celler*. Es waren für ihn »simple Brotarbeiten«, keine Kunst. Mit Celle und seinen Cellensern konnte er sich indes nicht anfreunden – wie die Gedichte *Die Stadt, in der ich wohne* und *Ökologie* deutlich dokumentieren.

Im *Merian*-Heft vom Mai 1966 beantwortete er die Frage: »Warum, respektive weswegen wohne, lebe, wese etc. ich in Celle, und das zwischen einer Meinungsmanufaktur und einer Geldschwemme?« Das Haus in der Bahnhofstraße, aus der seine Frau stammte, stand zwischen dem Haus des Verlages der *Celleschen Zeitung* und dem der Landeszentralbank. Er lebte dort »unter den Augen bedeutender Paragraphenschinder; denn Celle, wie jedermann weiß, ist eine Hochburg der Jurisprudenz, ein bedeutender Umschlaghafen für mancherlei Recht und Richte. Hier weht der Wind konservativ von der Heide her, wo die großen Steine stehen, hier malmen die Gesetzesmühlen, hier wird mit Bienenfleiß nach der Väter Art die Spreu vom Weizen geschieden.«

Anfang fand 1954 in der Kestner-Gesellschaft in Hannover eine Ausstellung mit Werken von Max Beckmann und Paul Klee statt. Der Kurator Alfred Hentzen, der spätere langjährige Direktor der Hamburger Kunsthalle, begründete, warum als einziger zeitgenössischer Künstler zusammen mit diesen Großen Werke von Fritz Graßhoff gezeigt wurden: »Seine Blätter aus den vergangenen Jahren haben uns so überzeugt, daß wir sie

338

einmal einem größeren Kreis von Kunstfreunden vor-
stellen möchten.« Er habe »seinen eigenen Ausdruck«
gesucht. »Wir glauben, daß er ihn jetzt gefunden hat.«
29 Arbeiten in verschiedenen Techniken wurden von ihm
ausgestellt – neben 50 Zeichnungen von Paul Klee und
106 Graphiken und dem Triptychon *Argonauten* von Max
Beckmann. Graßhoff war in allerbester Gesellschaft ge-
landet.

1947 war seine erste *Halunkenpostille* erschienen;
Martin Luthers *Kirchen- und Hauspostille* von 1527 und
Bertolt Brechts *Hauspostille* von 1927 hatten den Titel in-
spiriert. Zu Graßhoffs Anregern zählten auch François
Villon und Joachim Ringelnatz, Kurt Tucholsky, Walter
Mehring, Erich Kästner und insbesondere Klabund. Sei-
ne Vorlieben begründete er 1996 so: »Der Deutsche wälzt
gerne schwere Brocken und es kommt viel Dunkles und
Trübes in seine Dichtung hinein. Ich war immer bestrebt,
mich ein bißchen zur mediterranen Dichtung hinzuori-
entieren, also nach Frankreich. Ich spürte selber in mir
die Dunkelheit und versuchte Licht hineinzubringen, in-
dem ich auch die französische Literatur durcharbeitete.
Auch die Dichterei muß aus einem Gefühl der Erleich-
terung und der Freude entstehen. Also Humor, das war
mein Anliegen und überall, wo ich diese Klänge hörte,
fand ich meine ›Brüder im Geiste‹.«

Der Schauspieler und Regisseur Jürgen Bartsch
schrieb in jenem *Merian*-Heft vom Mai 1966 über Graß-
hoff: »Er ist gesellig, aber er zieht es vor, sich von jeder Li-
teraturbetriebsamkeit zurückzuziehen; er wettert gegen
die literarischen ›Tiefschürfer und Luftakrobaten‹, aber
er hört nicht auf, sie zu lesen; er ist geprägt von stren-
gem Formwillen und besessen von purer Lust zur Anti-
Kunst.«

Bei ihrem Kennenlernen 1950 in einem Filmatelier war Graßhoff von Bartsch gefragt worden, »wie er ein Chanson von einem Song unterscheiden würde«. Ohne zu überlegen antwortete Graßhoff: »Es ist der gleiche Unterschied wie der zwischen einer Spitzen- und einer Matrosenbluse.«

Gedichte wie *Madame Goulou* und *Kunkelsuse* »wollten die Mädchen in den Schreibbüros Ende der 40er Jahre nicht abtippen«, berichtete er Maria Katharina Grote; diese Texte seien »zu obszön« gewesen. Selbstbewußt fügte er hinzu: »Und noch am Rande: Ich befuhr die Sex-Welle bereits, als das noch nicht zum guten Ton gehörte.«

Nach Erscheinen der *Halunkenpostille* rissen sich die Komponisten nach ihm. Norbert Schulze, der Hans Leips *Lili Marleen* zum Welterfolg gemacht hatte, Hans-Martin Majewski, Lotar Olias. Schauspielerinnen wie Hannelore Schroth, Hanne Wieder und Ingrid van Bergen und Schauspieler wie Gustav Knuth, Hannes Messemer, Günter Pfitzmann und Wolfgang Reichmann sangen seine Lieder, auch der Kabarettist Wolfgang Neuss. Für Freddy Quinn schrieb er die Erfolgstexte *Heimweh nach St. Pauli* und *In Hamburg an der Waterkant.* Auch Lale Andersen und Hans Albers sangen Graßhoff-Texte, Albers und Quinn das unverwüstliche *Nimm mich mit Kapitän auf die Reise.* Damit erkaufte er sich seine Freiheit, um malen und schreiben zu können, was er wollte. Schon 1949 hatte er an Hans Bayer geschrieben, der später als Thaddäus Troll berühmt wurde, und betont, wie wichtig für ihn die GEMA sei: »Schließlich mache ich diese Dinger wegen des Zasters.«

Norbert Schulze schrieb eine Postkarte nach Celle, ohne Graßhoffs Adresse zu kennen. Sie kam an und daraus entstand die Revue *Käpt'n Bye-Bye*, die 1950 in Hamburg ein Riesenerfolg wurde. 1952 drehte Helmut Käutner danach einen Musikfilm mit Hans Albers in der Hauptrolle. Aber Graßhoff gefiel das nicht. Die Qualität seines Stückes sah er beschädigt, seine Liedtexte verhunzt.

Am 8. Januar 1952 schrieb Fritz Graßhoff an Hans Bayer: »Doch, lieber Hans, ich wohne in der Heide, auch Haide, d. h. kein Laut der aufgeregten Zeit, dringt drum in meine Einsamkeit … (Hi, hi). Im Sommer, toi toi toi, hat – hoffe ich – die GEMA mir mein Atelier in den Garten gestellt. *Käpt'n Bye-Bye* rollt ja wieder.«

Aber die Wirtschaftswunder-Republik samt Wiederbewaffnung und alten Nazis in Amt und Würden wurde Graßhoff mehr und mehr zuwider. Er begann zu reisen, nach Paris, nach Griechenland und in die Türkei. Angebote zur Übernahme von Lehrämtern schlug er aus. 1956 zog er mit Ehefrau Roswitha und dem 1952 geborenen Sohn Roger, der später promovierter Geologe wurde, nach Schweden in das Dorf Bråna auf Småland – auch, um der Enge des Celler Freudenberghauses voller Flüchtlinge zu entkommen. Der nächste Zigarettenladen war eine Stunde Fußmarsch weit entfernt, das Holzhaus im Walde indes nicht winterfest; von Dezember bis April ging es daher für die nächsten fünf Jahre stets zurück nach Celle. Im Jahre 1956 erschien der Gedichtband *Im Flug zerfallen die Wege der Vögel*. Der Kritiker Georg Eyring schrieb später: »Graßhoff hat den Versuch unternommen, der damals noch sprachlosen ›Unfähigkeit zu trauern‹ nicht etwa moralische Postulate entgegenzusetzen, sondern die Form des Gedichts. Durch den subjektiven Ausdruck der nicht verdrängten Erfahrungen hat er dem kollektiven Konformismus widerstanden. Keine abstrakten Forderungen werden der Gesellschaft gestellt. Der einzelne muß standhalten.« Und in Schweden entstand auch der Gedichtband *Und ab mit ihr nach Tintagel*, mit wieder stärkeren Anklängen an die *Halunkenpostille*.

In Schweden malte Graßhoff auch seine ersten großformatigen Gemälde; die dortige Natur inspirierte. Und er arbeitete an der Übertragung der Gedichte des schwedischen Barockdichters Carl Michael Bellman, den er bereits als Primaner entdeckt hatte, begeistert von Klabunds Nachdichtung. Er lernte die Sprache, um bei der Übertragung mit der Rohübersetzung beginnen zu können, die andere Nachdichter sich von Muttersprachlern anfertigen lassen mußten – »nicht aus Eigensinn«, wie er später klarstellte, »es fand sich einfach keine hilfreiche Hand«. 1966 erschien *Durch alle Himmel, alle Gossen* mit Graßhoffs ersten Bellman-Übertragungen. Es wurde leider kein Erfolg. Aber Graßhoff ließ sich nicht beirren. Im August 1979 schrieb er an Lotar Olias: »Ich übersetze den BELLMAN ›total‹, bringt vermutl. nichts. Macht aber Spaß.« Und so übersetzte er sämtliche *Fredmans Episteln*, deren Erscheinen er sich zu seinem 70. Geburtstag im Jahre 1983 dringend wünschte: »An Bellman hängen über 20 Jahre Arbeit!« Aber sein Verleger sagte ab: »Er hat übrigens keine Zeile Bellman gelesen – nur gehört, daß er schwer verkäuflich sei«, so daß erst 1995 *Bellman auf Deutsch: Fredmans Episteln* als vollständige Ausgabe zusammen mit einem fundierten Essay biographischen und analytischen Inhalts erschien. »Vor allem die Nichtanpassungsfähigkeit« habe er mit Bellman geteilt, sagte Graßhoff. »Mein Södermalm, das war meine Kindheitsstraße in Quedlinburg mit ihrem Bumslokal, ihrem heißen Tanzboden, den armen Leuten, schrägen Vögeln, Säufern, Schlägern, Dieben und harmlosen Lebensverbrauchern. Schließlich auch familiäre Verhältnisse: Notzeiten, Pleiten, Demütigungen, Verhinderungen …« Auch ihn haben die Künste nicht ernährt. Der Kabarettist Pit Klein fragte Fritz Graßhoff, ob er nicht wie Bellman, dem »Bacchus« und der »Venus« hübsch zugeneigt sei. »Gewiß nicht abgeneigt«, antwortete F. G. »Allerdings – wie ich über mich informiert bin –: Kein Säufer und kein Hedonist.«

1961 gaben die Graßhoffs Schweden wieder auf; »der Versuch des Anwachsens« war fehlgeschlagen. Fritz Graßhoff erlitt vor der Abreise einen Unfall: Er wollte an einer Rose im Garten riechen und bekam einen Dorn ins linke Auge, was seine Sehkraft und Malfähigkeit auf Jahre stark beeinträchtigte. Nach diversen Augenoperationen sagte er, »bin ich letztes Endes einäugig. Es war eine schlimme Zeit. Mit dem Malen war nichts mehr. Erst nach und nach habe ich mich gezwungen, das Auge zu belehren, daß der Raum einbildrig ist. Und dann habe ich mit kleinen Bildern angefangen, erst Briefmarken-klein-groß, später Handteller-kleingroß.«

Der Wunsch, Deutschland zu verlassen, blieb. Die Graßhoffs reisten durch die Lande: die Türkei, insbesondere Anatolien, Griechenland, insbesondere Kreta, und Portugal. Nach »längerem Herumirren durch ganz Europa und Vorderasien« suchten Graßhoffs nun nach einem anderen Wohnsitz in der Bundesrepublik. Die Griechenland-Reisen inspirierten Graßhoff auch zum Nachdichten antiker Autoren. Daraus entstand 1964 *Die klassische Halunkenpostille*. 1965 folgte *Graßhoffs unverblümtes Lieder- und Lästerbuch*, eine weitere Fortsetzung der *Halunkenpostille*.

Am 23. Juni 1967 trat Fritz Graßhoff in Hamburg auf dem Adolphsplatz hinter Rathaus und Börse vor 15 000

Zuhörern und -schauern auf: *Literatur auf dem Markt* lautete die Devise. Paul Theodor Hoffmann hatte ihn zwei Tage vorher im *Hamburger Abendblatt* als »das Herz und Geist erfrischende liebenswerte Unikum unter den deutschen Dichtern unserer Tage« angekündigt. »*LYRIK UND LÄSTERSONGS* hatte Fritz Graßhoff versprochen«, meldete die *Welt* am 26. Juni 1967, »und daran hielt er sich, als er auf dem Adolphsplatz auftrat.« Als »ein adeliger Beatle aus dem Bürgertum« wurde er etikettiert und als ein »Hauspoet wider Gallensteine«. Er trat zusammen mit den Liedermachern Schobert & Black auf, die – wie die *Welt* weiter vermeldete – »bärtig zur Gitarre sangen«. »Sie hatten Graßhoffsche Strophen selbst vertont und hinterbrachten die weltlichen Weisheiten mit so klarer und auf tenoraler Süße eingestellter Stimme, daß nicht nur die Damen begeistert applaudierten.« Später beklagte Graßhoff sich über die Hochnäsigkeit der Hamburger Kollegen um Peter Rühmkorf, mit denen der sperrige F. G. auf keinen kollegialen Fuß kam.

1970 wurde in West-Berlin seine Song-Revue *Warehouse-Life* aufgeführt. Aber auch diese Suche nach neuen Wegen blieb ohne Erfolg. Im Jahr darauf erschien der Band »*MOTIVE – Deutsche Autoren zur Frage: Warum schreiben Sie?*«. Hier einige von Graßhoffs Antworten:

>»Ich schreibe,
>weil es vor mir keinen (solchen) Graßhoff gegeben hat und nach mir keinen (solchen) geben wird.«

>»Ich schreibe,
>um nicht zum Gewohnheitssäufer, -kiffer, -schnüffler zu werden, nicht sauer, nicht zum Giftzwerg, zum Bombenleger oder Schlagetot.«

»Ich schreibe,
um die Mächtigen zu entmachten, die Laus zu adeln,
den Papst zu bannen, den Haifisch umzufunktionie-
ren, die Welt zu ändern – für fünf Pfennige.«

»Ich schreibe,
weil es die Pflicht der Mündigen ist, Farbe zu beken-
nen. Ich tue meine verdammte Pflicht (weil ich mich
für mündig halte), tue sie, um gedeckelt zu werden,
tröste mich: Auch der Deckel wird gehen zu Bruch!
Alles hat Zeit und Stunde, sagt mein Nabel salomo-
nisch.«

»Ich schreibe,
um mich vor mir zu verstecken
mich zu finden
zwischen Strichen streichen
Verben Scherben
Wort-Bruch
Ich bin
was noch nicht durchgestrichen ist.«

Und er fügte hinzu: »Ich bin nicht immer meiner
Meinung (und schon gar nicht, wenn sie sich die Fal-
schen zu eigen machen).«

1972 verließen die Graßhoffs Celle endgültig und zogen
nach Zwingenberg an die Bergstraße in ein Haus mit gro-
ßem Garten zwischen Weingärten. Die Rheinebene ver-
sprach mehr Milde und Wärme als die spröde Heidestadt
an der Aller. Fünf Jahre später erinnert sich Graßhoff
anläßlich einer Ausstellung im Celler Bomann-Museum:
»Eine neue Heimat suche ich nicht, brauche keine neue,

ich habe viele. In dem Paket meiner diversen Heimaten zwischen Loire und Dnjepr, den kalten wie den süßen, hat die Heide beträchtliches Gewicht, schon Buschs wegen (Wilhelm). Kamen später noch hinzu: die schwedische Heimat, die pamphylische, die arkadische und die kretische, um nur die zu nennen. Alle sind sie in meinen Bildern, auch den ge- und umgeschriebenen, wiederzufinden. In meinen Zeichen- resp. Memorial-Heften, Gedichten und Bildern taucht auch Celle immer wieder auf, freundlich, hilfreich, garstig und miserabel, wie alle Bleiben, die man des längeren durchmacht.«

Im selben Jahr 1972 erschien der *Seeräuber-Report* – die Halunkenpostillen gingen zur See. Graßhoff besang in Schauerballaden die tollen Untaten von richtigen Piraten und in Shanties und Liedern die scharfen Amouren von leichten Ladies und wüsten Damen. In dem Gedicht *Freundliche Piraten* heißt es: »Die sich Gefühle leisten können, die haben keine.«

Der Literaturkritiker Rolf Michaelis schrieb im November 1980 an mich, er habe sich in den 60er/70er Jahren für F. G. eingesetzt: »Ich kenne den Menschen und schätze ihn sehr, ich mag ihn und habe, als ich Verweser des Literatur-Ressorts der F. A. Z. war, seine Gedicht-Bücher männiglich zu fördern versucht – was mir, vor zehn Jahren, es waren prüdere Zeiten, Unbill eingetragen hat, weil einige der betagten Herausgeber der Ansicht waren, die lockeren Verse und die noch loseren Zeichnungen dieses Herrn, der ein Meister ist, seien für eine ›Allgemeine‹ Zeitung zu lüderlich.«

Die nächsten vier Jahre arbeitete Graßhoff an seinem einzigen Roman *Der blaue Heinrich*, der 1980 erschien. Graßhoff berichtete der Schriftstellerin Eva Demski, er habe jeden Satz sechzigmal geschrieben, »so lange, bis die Sätze rund waren wie Kiesel«. 67 Jahre ist er alt, als der Roman erscheint.

In der ZEIT rezensierte Georg Eyring dieses Buch über die Reisen des Malers Heinrich Blaue im Wechsel der Zeit von Krieg und Frieden: »In seinem ersten Roman«, heißt es dort, »einem saftigen Happen Prosa in gesalzener und gepfefferter Sprache, erzählt Graßhoff in einer kunterbunten Collage von Ich-Berichten, die Kreuz- und Querzüge eines, der nicht gefragt wird und nicht immer gefragt ist. Witzig und weise wird beschrieben, wie man so durchkommen kann durch die finsteren und manchmal helleren Zeiten dieser Tage. Kein gerader Handlungsfaden wird gestrickt, kein Zettelkasten geplündert, sondern dieser Maler Grimmelshausen entrollt seinen Bilderbogen und schickt voller List und Lust den Leser auf eine simplicianische Odyssee durch die Kriegs- und Nachkriegsjahre.«

Karl Krolow, der Dichter, hingegen mäkelte in der FAZ vom 20. Dezember 1980, »daß man Graßhoffs Jargon oder Argot über vierhundert Seiten wie eine Sturmflut über sich ergehen lassen muß. Man wird überschüttet von Einfällen, Eskapaden, Abenteuern, Liebeshändeln, Soldatenerfahrungen, Künstlererlebnissen, Besäufnissen.« Diesem Rezensenten wurde das »auf die Dauer anstrengend«. Er qualifizierte Graßhoff abschätzig als »der deutsche Quasi-Céline aus der Vorharz-Gegend« ab und nennt ihn einen »Mini-Rabelais«.

Das Credo des blauen Heinrich lautet: »Ich aber sage Euch: Dies Leben ist wie'n Schiß auf der Latrine. Ihr hängt 'ne Weile zwischen Himmel und Erde, und es stinkt bis zum Schluß.« Heinrich Blaue kennt die Deutschen der Nazi- und Kriegszeit: »Fragst dich, wie kriegt ein Volk plötzlich so viele Schinder auf die Beine? Antwort: Die

Schinder des Volkes kommen aus dem Volk, woher denn sonst? Waren immer da, lauerten als Knieficker auf ihre Stunde, verkaufen dir Salmiakpastillen, Eis und Popel, kehrten die Straße, lasen den Strom ab und du warst freundlich zu ihnen.«

Aber nach Kriegsende war die sogenannte »Stunde Null« dann doch nur eine Schrecksekunde, wie der Lyriker Oskar Ansull das genannt hat. Das Lebensgefühl der Nachkriegszeit beschrieb Graßhoff so: »Als wir alle nichts hatten, nichts als unser gerettetes Fell und die Sonne drüber. Das Gras blühte, und die Luft schmeckte nach Freiheit. (...) Danach ging's wieder bloß um Zaster.«

Der Mißerfolg seines Romans verbitterte Graßhoff. »Das aber wollten die Leute am Beginn der achtziger Jahre wohl nicht mehr lesen«, sagte er später. »Da hab' ich Weltliteratur gemacht. Es hat nur keiner gemerkt.« Und 1996 sagte er zu Maria Katharina Grote: »Die Form sprengt natürlich hergebrachte Formen. Und an der Sprache stoßen sich die elitären Leute und Publizisten haufenweise. Die Sprache ist selbstverständlich die der Zeit. Ich schildere die Soldatenzeit der 40er Jahre, da sprach man so. Wenn die Leute das nicht begreifen wollen, dann soll' n sie es lassen.«

Immerhin attestierte der Literaturwissenschaftler Peter Pabisch in *World Literature Today* im Winter 1982 dem Autor: »Grasshoff offers a post-Joycean disarray of styles and scenes with no regard for a descriptive and organically growing plot. His language is a sparkling kaleidoscope of idiomatic expressions from standard to conversational German, with occasional inclusions of Platt, and also adopting the most colorful metaphors. (...) Its formal construct of ingenious, if not brilliant language patterns has molded it into a remarkable piece of modern literary art.«

Der Zeitschrift *Essen und Trinken* haben die Graß-hoffs im März 1981 einen Einblick in ihr privates Leben und ihren Tageslauf verraten: »Winters steht Fritz Graß-hoff zwischen 8 und 9 Uhr, sommers zwischen 5 und 6 Uhr auf. Dann wird gefrühstückt: von Roswitha Graß-hoff selbstgebackenes ›irisches Kümmelbrot‹ (weiß, mit Rosinen), mit Honig oder selbst eingekochter Marmela-de aus der Pflaumen-, Apfel-, Kirsch-, Himbeerernte im eigenen Garten. Er ißt besonders gern dunkles Brot, auch Pumpernickel, mit einer ganz dünnen Scheibe Schinken oder Schlackwurst drauf. Dazu gibt es mittelstarken Tee. Dann wird gearbeitet.« Weiter ist zu erfahren: »Nach der Morgenarbeit wird gegen 14 Uhr gegessen und nach dem Odenwaldspaziergang ein Nickerchen gemacht. Der Tagesarbeit zweiten Teil (von 16 bis 20 Uhr) unter-bricht vor 18 Uhr die ›Schweinevesper‹. Sie besteht aus Süßem und Nichtsüßem und heißt so, weil ›Schweine ja auch alles durcheinander essen‹. Frau Roswitha hat sie als frühe letzte Mahlzeit eingeführt, damit sie nicht ansetzt wie spätes Abendessen. Tatsächlich hat das Ehepaar da-mals je 10 Pfund abgenommen. Die Hausfrau betont die Prinzipien, nach denen – allerdings nicht immer – gelebt wird. Auch nach 18 Uhr beißen Graßhoffs zum Wein in Kartoffeln, die in der Schale im Kamin gebacken werden. Oder sie verzehren noch einen Bratapfel.«

Geflügel wurde nicht verzehrt im Hause Graßhoff. »Wir lieben Hühner.« Zudem war der Hausherr aller-gisch gegen Hühnerfleisch. »Selbst, wenn er mit dem Auge in einer Mahlzeit den Hühneranteil nicht erkennt, tut es sein Eingeweide mit böser Folge.« Ein schwarzbun-ter Hahn und die beiden Hennen Frieda und Leila durften fünf Jahre lang »im Haus herumflattern«. Nun fliegen »Gartenvögel zur Fütterung in die Küche«.

16 Jahre lebten die Graßhoffs in Zwingenberg. Die Idylle hatte sich als trügerisch entpuppt – in der Nähe lagen das Atomkraftwerk Biblis und ein Flugplatz der Bundeswehr; Düsenjäger donnerten über das Haus. Auch beklagte Graßhoff die wachsende Isolierung. »Wie beschissen ist doch diese Zeit«, schrieb er im August 1979 in einem Brief, »in der man statt Briefe kleine Kärtchen, gedruckte bekommt u. kein persönliches Wort mehr. Keine Freunde mehr, kein Treffen mehr, kein Gespräch mehr. Ob sich unter diesem Aspekt der sog. Fortschritt lohnt?«

So fiel der Abschied nicht schwer, als die Graßhoffs sich entschlossen, im Sommer 1983 nach Kanada zu übersiedeln. In der Nähe von Montreal erwarben die Graßhoffs am Ottawa-River ein kleines Haus. Der Fluß ist dort so breit, daß man das andere Ufer nicht sehen kann. Fritz Graßhoff schrieb im August 1983 einen langen ersten Bericht: »Ist das Auswandern schon anstrengend, dürfte das Einwandern eine reelle Mühsal sein. Die zahlreichen Papiere wollen schön beieinander gehalten sein, die Termine eingehalten, die Sprachschwierigkeiten gemeistert, die Klamotten wiedergefunden werden – und dann paßt keine Schraube zur Mutter und kein Faden in die Nadel. Alles ist anders. Nur die Menschen sind's nicht. Genauso hinter den Piepen her, genauso eitel und oberflächlich wie in Old Germany. Aber es gibt wenige davon u. sie wohnen [hier] weiter auseinander. Unser rel. kleines Haus (Bungalowstil) liegt in einem wiesenartigen, sehr großen Garten am Ottawa-River, (unten im Schilf kommt jeden Morgen der Reiher frühstücken, Kolibris besuchen unsere Blumen u. die Robins sind hier die Amseln. Sie sind rotbrüstig, Vertreter wohl der gleichen Art. Neulich: Ein Skunk wollte über die Straße, wartete brav am Graben. Wir hielten (mit unserem kleinen amerikan. Auto) u. er passierte gelassen ... Im strengen Winter sollen hier auch Wölfe auftauchen. Es herrscht hier, am Ausgang des Städtchens Hudson, wo andere Maler und Schriftsteller wohnen sollen, (bis auf entferntes Rasen-mäh-Geknatter) reine himmlische Ruhe. Die Luft ist besser, das Wasser, der Himmel höher u. nachts tiefdunkel mit leuchtenden Sternen u. einem Mond, wie man ihn drüben nur noch bei Claudius antrifft. Vor allem aber: Das Licht ist viel heller. Meine hellsten Bilder kommen mir schier dunkel vor. Graßhoffs Palette wird sich auf-lichten.

Noch stehen die Kisten u. Kasten im Hause herum. Das Amenagieren braucht seine Zeit. Außerdem muß renoviert werden. Der Owner hat uns hier und da wahre Dreckhaufen hinterlassen, hier eine verfaulte Schwelle, dort eine verwahrloste Badezimmerwand, ein wackliges Klo (gibt drei Stck im Haus) u. Löcher in den Wänden. Aber der Blick aus dem Großen Fenster, des großen Livingrooms (60 qm) macht allen Ärger wett. Fast immer scheint Sonne (wir befinden uns hier auf der Höhe von Mailand!) Segelschiffchen gleiten den Strom hinunter, dahinter: bald im Glast schimmernd, bald schwarzblau dräuend –: ein mittelhoher Gebirgszug ... Und dahinter (in Oka) wohnen die Indianer.

Ich glaube ich bin gern hier. Von allen meinen soge-nannten Heimaten, vermutlich meiner letzten, dürfte mir diese am meisten zusagen. Wohltuend (für mich!), daß es hier rel. wenig GESCHICHTE gibt. Diese Jahrtau-sendlast von Bosheiten drückt hier nicht. Es ist alles neu. Graßhoff ›badet unverdrossen, die ird'sche Brust im (kanadischen) Morgenrot‹. Der Abschied vom ›Land meiner Väter‹ ist mir nicht schwergefallen. Der Lärm, die quetschende Enge, das Zuviel an malenden und schreibenden Herren und Damen, der Futterneid, die Gehässigkeit der Kritiker, das MANSCHEN der Redaktionen im Überangebot von KUNST & KULTUR, der Dünkel der JUNGEN, die den Sieg schon in der Hosentasche tragen, das Elend der Alten, die ins Grab gedrängt werden resp. aufs tote Geleis. Zorn spüre ich nicht (obwohl ich meinem Vaterland die Schinderzeit beim Kommiß nicht vergessen kann) –: Ich bin kein junger Mann u. last not least: Ich habe ein paar Brosamen der Stoiker verdaut!«

Fritz Graßhoff sprach kein Französisch, die Amtssprache in der Provinz Quebec inmitten eines englischsprachigen Landes. Die sprachliche Isolierung war also perfekt – Graßhoff begann wieder zu malen.

Im Mai 1986 schrieb er aus Hudson: »Jetzt wird mir (bald) ein Fenster ins Atelierdach gesägt. Ich bekomme Oberlicht. Das ist mindestens so gut wie Oberwasser. Eine neue Serie von Bildern wird vom Stapel laufen (...) Ich betrachte die Gemälde für mein HAUPTWERK.« Diesem Brief beigefügt war ein vollständiges Manuskript mit Illustrationen *Eine schöne Geschichte vom Stehlen und anderes. Lese- und Bilderbuch für Mündige.* »Wenn die Verleger nicht so tränig wären, würde ich vielleicht später noch mehr Prosa von mir geben, aber man fragt sich (wie Hildesheimer!) wozu? Sehe ich mir an, was heute bevorzugt wird, kann ich mir nur noch vor den Kopf schlagen. Also sehe ich weg.« So war es! Das Manuskript wollte kein Verleger drucken. Es traf nicht den Ton des Tages.

Stets gleichwertig, aber nie gleichzeitig, bestanden für den Doppelbegabten Malerei und Schriftstellerei nebeneinander. »Ich bin ein Maler und ein Dichter, beides zusammen«, sagte er. »Wenn ich male, kann ich nicht dichten. Ich bin immer ganz Maler oder ganz Dichter.«

In der Sprache des Fritz Graßhoff, hat Pit Klein festgestellt, wimmelt es von seltsamen Wörtern. Sie entstammen meist dem Quedlinburger Platt, das zwischen Börde und Thüringen, Sachsen und Niedersachsen gesprochen wird, vermischt mit polnischen Brocken, Französisch, Rotwelsch und Jiddisch. »Die Sprache liegt mir – neben der Bildnerei – buchstäblich am Herzen. Und die seltsamen Wörter in meiner Schreibsprache entstammen zum größten Teil meiner Straße (Augustinern), wurden im Kommiß verstockt; weiterhin auf Reisen, dunkle Begegnungen und durch literarische Zwänge.« Warum tut Graßhoff dem Hochdeutschen das an? »Um der Sprache Sprudel und Pep zu geben, sie vor der Verödung, der Inzucht zu bewahren. Zum Üblichen muß Fremdes gefügt werden. Es ist wie bei den Kaninchen, dem Vieh, den Menschen. Es ist auch gar nichts Neues. Schon die frühen Griechen mischten gern phrygische, lydische, kretische Brocken in ihre Dichtungen.« »Die verbalen Innovationen kommen allemal aus der Hefe.« Der Büchner-Preisträger Heinz Piontek hat ihn deshalb abfällig abgeschoben zu den »Paterreakrobaten unter den lyrischen Artisten« und ihn als »Meister des Obszönen« denunziert.

Graßhoff war ein wundervoller Sprachspieler und -schöpfer, geradezu närrisch in die Sprache verliebt. Er hat es stets mit Joseph Conrad gehalten: »Im lieblichen Geklimper einer Narrenschelle schwingt doch zuweilen mehr als im Klang von Kirchenglocken.« Oder – in eigenen Versen:

»Fürchte dich nicht,
in jeglichen Hintern zu treten!
Es gibt keine Scherben. –«

»›Spaß‹ –: Wenn wir ihn uns
nicht selbst machen –
woher nehmen? Das Schicksal
kennt keine Späße.«

Eva Demski hat Fritz Graßhoff so charakterisiert: »Ei-
ner, der sehr kompliziert ist und seine Verletzungen
unter Disziplin und Arbeit versteckt.« Und der Schrift-
steller Hans Christoph Buch staunte über Graßhoffs Le-
ben und Arbeiten am Ottawa-River, »ohne Kontakt zu
Gleichgesinnten oder Freunden und ohne Echo der Au-
ßenwelt«. Das Ergebnis sei beachtlich: »An den Wänden
stapeln sich wie Kirchenfenster gestaltete Gemälde, der
Zeichentisch ist mit Grafikblättern überhäuft, und die
Schubladen quellen über von unveröffentlichten Manu-
skripten, darunter kongeniale Nachdichtungen griechi-
scher und lateinischer Lyrik, denn – auch das gehört zu
den Widersprüchen seiner Person – hinter der Maske des
Bänkelsängers verbarg sich ein gebildeter Humanist.«
    1993 durchlebte er eine schwere gesundheitliche
Krise und schrieb in einem Brief: »Wäre neulich fast
ins Abseits geraten, ich hörte den Acheron schon rau-
schen.« Am 5. Februar 1997 schrieb er: »Bin seit Monaten
sehr krank – aber heilbar.« Vier Tage später war er tot,
gestorben am 9. Februar 1997 in seinem Haus am Ottawa
River.
    Pierre Filion, sein Verleger in Montreal, rief ihm die
Verszeilen nach:
    »Fritz Graßhoff war ein Robinson: / Die Kunst war

seine Insel. / Von dort aus schickte er Zeichnungen, / Gedichte, Chansons, Worte in feinsinniger Bewußtheit. Er warf sie ins Meer wie Flaschenpost mit Weltgeist.«

In Fritz Graßhoffs Schreibtisch fand seine Frau einen handschriftlichen Zettel:

»Gr. zu seiner Produktion: Ich produzier(t)e Gebrauchsware und Unnützes. Zum Unnützen gehören die Künste. Ihnen gehört meine ganze Liebe. Handel, Kriege, Jägerei, das ganze Gehampel um Macht, Profit u. Geltung zähle ich zum Lebensunfug. (Siehe Goethe/Eckermann!) Nietzsche meint, die Welt sei uns als ästhetisches Phänomen gültig. Das unterschreibe ich.«

Nachweise

Die Gedichte werden zitiert nach den Erstausgaben.
Hat der Autor selbst in späteren Ausgaben Veränderungen
vorgenommen, gilt das Prinzip letzter Hand.

I. Barackenverse 1945/46
Lob der Stille: Befreite Kunst, S. 62
Da hat sich mancher schon geirrt: Heiligenhafener Sternsingerspiel,
      S. 28
Was ich getan, verlor den Sinn: Hoorter Brevier, S. 13
Ein Vogel singt im Weidenbaum: Hoorter Brevier, S. 14
Mein Herze hör ich pochen: Hoorter Brevier, S. 23
In einer hohlen Rübe: Muschelhaufen Nr. 44, S. 111
Der Mäuserich: Hoorter Brevier, S. 37
Lacht auch mein Mund zuweilen: Hoorter Brevier, S. 48
Für mich und Hillebill: Zeltlieder und Barackenverse, S. 32
Barackenmeditation 1946: Halunkenpostille, 1947, S. 39
Memento II: Von der Wichtigkeit der Dinge, S. 15
Auf der Brücke: Graßhoffs neue große Halunkenpostille, 1981, S. 290
Neues Drehorgellied: Halunkenpostille, 1947, S. 53

II. Kriegs-Erinnerungen
Poltawa 1942: Im Flug zerfallen die Wege der Vögel, S. 34
Gustav – Gedenkstunde: Graßhoffs neue große Halunkenpostille,
      1981, S. 10 f.
Aktennotiz: Und ab mit ihr nach Tintagel, S. 58
Hakenkreuz und Sülze oder Die Ballade von Herrn Busse, dem
      mörderischen Zeilenschinder: Graßhoffs unverblümtes Lieder-
      und Lästerbuch, 1965, S. 15–17
Grau (monochrom). Beschreibung einer alten Photographie: Graß-
      hoffs unverblümtes Lieder- und Lästerbuch, 1972, S. 22 f.
Joguleit: Halunkenpostille, 1947, S. 66
Schütze Arsch oder Die Sinneswandlung: Graßhoffs unverblümtes
      Lieder- und Lästerbuch, 1972, S. 120 f.
Deutsches Rübenackerlied. Responsorium für Vorgesetzte und
      Gemeine: Graßhoffs unverblümtes Lieder- und Lästerbuch, 1965,
      S. 130

Ganz altes Soldatenlied: Graßhoffs unverblümtes Lieder- und Läster-
buch, 1972, S. 124 f.

Neues Soldatenlied: Die große Halunkenpostille, 1963, S. 21

Graue Ballade oder Vom Raffen: Von der Wichtigkeit der Dinge,
S. 24 f.

III. Unterwegs

Lustiges Scherenschleiferlied: Halunkenpostille, 1947, S. 7

Sommerspiel im hohen Gras: Halunkenpostille, 1947, S. 20

Unterwegs: Die große Halunkenpostille, 1963, S. 20

Hillebille Wiedewitt: Halunkenpostille 1947, S. 30

Mochelner Schnapselegie: Die große Halunkenpostille, 1963, S. 97

Das Verhältnis der Bäckerin oder Vom Grundriß der Brötchen:
Die große Halunkenpostille, 1963, S. 96

Das Lorbeerblatt: Die große Halunkenpostille, 1963, S. 20

Antrag: Die große Halunkenpostille, 1963, S. 130

Lied vom Floh auf großer Fahrt: Die große Halunkenpostille, 1963, S. 42

Marameh: Halunkenpostille, 1947, S. 70

Licht und Gelichter: Die große Halunkenpostille, 1963, S. 130

Fabel vom kleinen Mann: Muschelhaufen Nr. 37, 1998, S. 93

IV. Gauner, Lumpen & Halunken

Ich geh zu den Halunken: Zeltlieder und Barackenverse, S. 27

Abgebrannt: Halunkenpostille, 1959, S. 52

Kattewitt: Halunkenpostille, 1947, S. 41

Lumpenbrüderschaft: Die große Halunkenpostille, 1963, S. 15

Nettelbeck oder Die letzte Möglichkeit: Und ab mit ihr nach Tintagel,
S. 6 f.

Der Mann am Gürtel: Die große Halunkenpostille, 1963, S. 70

Ein Mann geht nicht unter: Seeräuber-Report, 1976, S. 67 f.

Kitty, die Gangsterbraut: Die große Halunkenpostille, 1963, S. 112 f.

Das Hosenlied vom Calico-Jack: Seeräuber-Report, 1976, S. 69

Bully Hayes, die Trompete des Satans oder Vom Preis aller Dinge:
Seeräuber-Report, 1972, S. 77 f.

Blackbeard greift an: Seeräuber-Report, 1986, S. 114 f.

Sklavenhändler Natty Gordons Sonntags-Choral von Time und
Money: Seeräuber-Report, 1972, S. 84–86

Schluß-Moritat: Seeräuber-Report, 1976, S. 101

358

V. Historien

Finale der Odyssee: Im Flug zerfallen die Wege der Vögel, S. 45

Der goldene Daumen: Im Flug zerfallen die Wege der Vögel, S. 24

Memento I: Muschelhaufen, 2004, S. 120

Die Winde des Herrn Prunzelschütz: Halunkenpostille, 1947, S. 61 f.

Ballade vom gottungefälligen Treiben und ehrlosen Ende der Vita-
lienbrüder, welche jahrelang die Ostsee verunsichern taten:
Seeräuber-Report, 1972, S. 13–15

Neues Störtebeker-Lied: Seeräuber-Report, 1976, S. 16–18

Geschichte mit Spannung: Bilderreiches Haupt- und (G)liederbuch,
1970, S. 103 f.

John Morgan: Im Fluge zerfallen die Wege der Vögel, S. 22

Die Menschlichkeitsballade vom Major Bonnet: Seeräuber-Report,
1972, S. 48 f.

Dauerwurstballade: Graßhoffs neue große Halunkenpostille, 1981,
S. 55–57

Der Henker von Paris: Halunkenpostille, 1959, S. 47

Ninoschka: Halunkenpostille, 1947, S. 24

Kawenz oder Das Objekt im Grab: Halunkenpostille, 1947, S. 43 f.

Interview: Halunkenpostille, 1959, S. 84 f.

Der General: Die große Halunkenpostille, 1963, S. 148

Dem von Knochenheim, Junker Götzen, in die Fahne gehustet: Graß-
hoffs unverblümtes Lieder- und Lästerbuch, 1972, S. 20 f.

Auktion: Die große Halunkenpostille, 1963, S. 132

Hier ruht in Gott: Graßhoffs unverblümtes Lieder- und Lästerbuch,
1972, S. 93

VI. Balladen von See

Des Seeräubers Morgenlied: Seeräuber-Report, 1976, S. 12

Für wen schon: Im Flug zerfallen die Wege der Vögel, S. 46

Neues Korsarenlied: Seeräuber-Report, 1976, S. 48 f.

Die wahrhafte Story vom wüsten Lolona: Seeräuber-Report, 1972,
S. 27 ff.

Big Fock: Seeräuber-Report, 1976, S. 78–80

Käptn Byebye: Halunkenpostille, 1947, S. 81

Anne Bonny: Seeräuber-Report, 1976, S. 71 f.

Käptn Killer: Seeräuber-Report, 1976, S. 81 f.

Big-Bomb-Dolly aus Dover: Die große Halunkenpostille, 1963, S. 109 f.

Die stramme Hafenlili: Die Halunkenpostille, 1959, S. 57
Das Seemannsherz: Halunkenpostille, 1959, S. 56
Dully-Port: Die Halunkenpostille, 1959, S. 74 f.
Dullyport-Song: Die große Halunkenpostille, 1963, S. 111
Ole Pinelle: Die große Halunkenpostille, 1963, S. 36 f.
Wenn einer ist ein armer Hund: Seeräuber-Report, 1976, S. 9–11

VII. Moderne Balladen
Die Ballade vom Mäuseschwanz: Graßhoffs neue große Halunken-
    postille, 1981, S. 49–51
Wartesaal-Ballade: Und ab mit ihr nach Tintagel, S. 31
Sam Baker: Seeräuber-Report, 1986, S. 118–120
Ballade vom Kalfakter Ey und den sechs schweren Kartuschen:
    Die große Halunkenpostille, 1963, S. 94 f.
Die Ballade vom Posamenter oder Klasse hin, Klasse her, wenn das
    Gemüse man stimmt: Graßhoffs unverblümtes Lieder- und
    Lästerbuch, 1965, S. 159 f.
Kleine Banditen-Ballade: Die Halunkenpostille, 1959, S. 62 f.
Herr Rhode oder Die Ballade vom letzten Wanderer: Die Halunken-
    postille, 1959, S. 80 f.
Des Heizers Traum. Ostpreußische Ballade vom schönen Heimatland-
    gefühl: Graßhoffs unverblümtes Lieder- und Lästerbuch, 1965,
    S. 35 f.
Manövertragödie oder Die Ballade vom friedlichen Soldatentod auf
    grüner Heide: Graßhoffs unverblümtes Lieder- und Lästerbuch,
    1965, S. 52 f.
Mit Leichen leben. Bänkelballade für Vorsänger und Chorus:
    Graßhoffs unverblümtes Lieder- und Lästerbuch, 1965, S. 47–50
Ballade Piepels krummen Nacken, seine Borniertheit, wie seine groß-
    sprecherisch-devote Fresse betreffend: Graßhoff's unverblümtes
    Lieder- und Lästerbuch, 1965, S. 125 f.
Der Autoritäts-Song: Seeräuber-Report, 1986, S. 69 f.

VIII. Lieder
Lebenslauf eines ängstlichen Mannes: Halunkenpostille, 1947, S. 59 f.
Die Satansbraut: Hoorter Brevier, S. 41
Flickebüdel Naseweis: Halunkenpostille, 1947, S. 17
Sommerspiel im hohen Gras: Halunkenpostille, 1947, S. 31

Kunkelsuse: Halunkenpostille, 1947, S. 42

Das Ziegenmelken: Graßhoffs neue große Halunkenpostille, 1981,
S. 16 f.

Das Mannsbackelied (Zweite Fassung): Graßhoffs unverblümtes
Lieder- und Lästerbuch, 1972, S. 139 f.

Der moralische Leierkasten: Graßhoffs neue große Halunkenpostille,
1981, S. 80 ff.

Was der Alte dachte, als er zu heiraten gedachte: Graßhoffs neue
große Halunkenpostille, 1981, S. 165 f.

Wumpe-Lied: Graßhoffs neue große Halunkenpostille, 1981, S. 15–17

Neues Kinderlied: Die Halunkenpostille, 1956, S. 33

Volkslied auf zwei Klavieren: Graßhoffs neue große Halunken-
postille, 1981, S. 67–69

Die Freiheit ist das Schönste!: Ungedruckt. Von der CD: Black und Pit,
Hört mal her, ihr Zeitgenossen, 2004.

IX. Songs & Moritaten

Neue Nachtwächterweise: Halunkenpostille, 1947, S. 63 f.

Im Tingeltangel tut sich was: Halunkenpostille, 1947, S. 76

An den Herrn Kultursenator: Die große Halunkenpostille, 1963,
S. 136

Sophiens Fall und Ende: Halunkenpostille, 1947, S. 73 f.

Wumpes erste Panne: Die große Halunkenpostille, 1963, S. 108

Kikeldei: Graßhoffs neue große Halunkenpostille, 1981, S. 263–265

Die echten, alten Trapper: Graßhoffs unverblümtes Lieder- und
Lästerbuch, 1965, S. 177 f.

Moritat vom eiskalten Gasanstaltsdirektor: Halunkenpostille, 1959,
S. 86

Affäre: Die große Halunkenpostille, 1963, S. 141

Bekenntnisse eines Erben: Die große Halunkenpostille, 1963, S. 120

Frühlingserwachen oder Guter Rat an ausgereifte Jungfrauen:
Graßhoffs unverblümtes Lieder- und Lästerbuch, 1965, S. 171

Song vom Schlot oder Die jungen Unternehmer: Graßhoffs unver-
blümtes Lieder- und Lästerbuch, 1972, S. 44 f.

Lisa: Die große Halunkenpostille, 1963, S. 100 f.

Dampfkesselkatastrophe: Graßhoffs neue große Halunkenpostille,
1981, S. 61

Ein Fluß namens Timpe: Die große Halunkenpostille, 1963, S. 137

Vier Vorführdamen im Café: Graßhoffs unverblümtes Lieder- und
    Lästerbuch, 1965, S. 172 f.
Schnadahüpferl: Graßhoffs neue große Halunkenpostille, 1981, S. 244
Girls Beat-song: Bilderreiches Haupt- und (G)liederbuch, 1970,
    S. 188–190

X. Chansons
Hommes femmes: Halunkenpostille, 1947, S. 79
Madame Goulou: Halunkenpostille, 1963, S. 33
Liebesgeständnis eines Apachen: Die große Halunkenpostille, 1963,
    S. 131
Didy-Song: Halunkenpostille, 1947, S. 82
Chanson: Halunkenpostille, 1963, S. 44 f.
Meine Frau will mich vergiften: Die große Halunkenpostille, 1963,
    S. 119
Der Schnitzel-Song von Fräulein Mimi, die sich selbständig machte:
    Graßhoffs unverblümtes Lieder- und Lästerbuch, 1972, S. 141 f.
Heut hat mein Geliebter Hochzeit im Strandhotel: Die große Halun-
    kenpostille, 1963, S. 114 f.
Präzise Fragen eines liebenden Antropophagen an eine unentschlos-
    sene Zimtziege, betreffend Art und Umstände der Vereinnah-
    mung: Graßhoffs unverblümtes Lieder- und Lästerbuch, 1965,
    S. 161 f.
Bordellvorsteherposten gesucht: Die große Halunkenpostille, 1963,
    S. 124
An den Briefkastenonkel: Die große Halunkenpostille, 1963, S. 125
Nimm mich hin, wie ich bin: unveröffentlicht aus:»Die wilden Jahre
    der Anne Bonny, Szenen aus einem Musical. Fragment 1975
Vertretung: Graßhoffs unverblümtes Lieder- und Lästerbuch, 1965,
    S. 72
Marinaden: Die große Halunkenpostille, 1963, S. 129
Roßhaar zerschnitten: Graßhoffs neue große Halunkenpostille, 1981,
    S. 181
Der Fall Becker oder Kostenlose Beratung in der Abteilung Jugend-
    touristik/sexueller Notstand: Graßhoffs unverblümtes Lieder-
    und Lästerbuch, 1965, S. 28 f.
Timpeté und Gasparone. Liebesduett: Graßhoffs unverblümtes
    Lieder- und Lästerbuch, 1972, S. 42 f.

362

XI. Jetzt

Die Krebse: Graßhoffs unverblümtes Lieder- und Lästerbuch, 1965,
    S. 23

Ohne Papiere: Im Flug zerfallen die Wege der Vögel, S. 25

Carneval: Im Flug zerfallen die Wege der Vögel, S. 35

Alea jacta: Und ab mit ihr nach Tintagel, S. 34

Empfehlung: Und ab mit ihr nach Tintagel, S. 43

Anrufe: Im Flug zerfallen die Wege der Vögel, S. 37

Ein hellhöriges Haus: Die große Halunkenpostille, 1963, S. 126 f.

Impromptu von der Verbrennung des leeren Sackes: Und ab mit ihr
    nach Tintangel, S. 32

Lift: Die große Halunkenpostille, 1963, S. 16

Schreibabteil: Und ab mit ihr nach Tintagel, S. 30

Herr Urian: Die große Halunkenpostille, 1963, S. 139

Kaleidoskop: Und ab mit ihr nach Tintangel, S. 59

Schlagzeilenparade: Graßhoffs neue große Halunkenpostille, S. 225

Die Frau am Steuer: Graßhoffs unverblümtes Lieder- und Lästerbuch,
    1965, S. 45 f.

Speisen bildet: Die große Halunkenpostille, 1963, S. 133

Erfahrungen: Graßhoffs unverblümtes Lieder- und Lästerbuch, 1972,
    S. 27 f.

Herbstliche Meditation eines Sonntagsreiters: Bilderreiches Haupt-
    und (G)liederbuch, 1970, S. 83 f.

MAFZ oder Die Story vom Niedergang einer Erfinderfamilie durch
    Schicksal und eigene Schuld: Graßhoffs unverblümtes Lieder-
    und Lästerbuch, 1972, S. 48–51

Wurfsendung: Die Halunkenpostille, 1959, S. 82

Ich, Herr Schloch und die Relativität: Die große Halunkenpostille,
    1963, S.123

Verdieners Klage: Graßhoffs unverblümtes Lieder- und Lästerbuch,
    1965, S. 39 f.

Vorweihnachtliche Ansprache Noahs an seine Töchter und Schwie-
    gertöchter: Graßhoffs unverblümtes Lieder- und Lästerbuch,
    1972, S. 46

Von der Wichtigkeit der Dinge: Von der Wichtigkeit der Dinge, S. 16 f.

XII. Maler & Dichter + 1 Sänger

Catulls Tränen: Von der Wichtigkeit der Dinge, S. 31

Adrian Brouwer: Halunkenpostille, 1947, S. 28

Kuhlmannsend oder Das große Nitschewo: Bilderreiches Haupt- und
(G)liederbuch, 1974, S. 128–130

Johann Christian Günther: Halunkenpostille, 1947, S. 14

Der junge Klopstock: Im Flug zerfallen die Wege der Vögel, S. 23

Stockholm, in einer Sommernacht, kurz vor Ausbruch des Krieges
1788: Graßhoffs unverblümtes Lieder- und Lästerbuch, 1972,
S. 61 f.

Eine Dame namens Hahn: Bilderreiches Haupt- und (G)liederbuch,
1970, S. 20

Kubisch: Bilderreiches Haupt- und (G)liederbuch, 1970, S. 111

Gauguin: Von der Wichtigkeit der Dinge, S. 32

Ein gewisses Gelb: Bilderreiches Haupt- und (G)liederbuch, 1970, S. 112

G.: Graßhoffs unverblümtes Lieder- und Lästerbuch, 1972, S. 37

Hommage à Peynet: Im Flug zerfallen die Wege der Vögel, S. 34

Auf den Schroffen der Gebirge: Bilderreiches Haupt- und (G)lieder-
buch, 1970, S. 22

Radio: Von der Wichtigkeit der Dinge, S. 18

XIII. Ich

Kurzer Lebens- und Todeslauf: Graßhoffs neue große Halunken-
postille, 1981, S. 7

Meine Asche mein Rauch: Graßhoff unverblümtes Lieder- und
Lästerbuch, 1972, S. 24

Paßkontrolle: Im Flug zerfallen die Wege der Vögel, S. 17

Schwarze Asche: Und ab mit ihr nach Tintagel, S. 54

Qui vive: Im Flug zerfallen die Wege der Vögel, S. 30

Blues: Und ab mit ihr nach Tintagel, S. 15

Ökologie: Graßhoffs unverblümtes Lieder- und Lästerbuch, 1972,
S. 174

Mir, an den Spiegel zu stecken: Die große Halunkenpostille, 1963,
S. 122

Die Stadt, in der ich wohne: Graßhoffs unverblümtes Lieder- und
Lästerbuch, 1972, S. 15 f.

Mond über Småland: Im Flug zerfallen die Wege der Vögel, S. 31

Scheune auf Storegården: Im Flug zerfallen die Wege der Vögel, S. 27

Das Fliegensterben: Graßhoffs unverblümtes Lieder- und Lästerbuch, 1972, S. 25 f.

Soliloquium sentimentale: Graßhoffs neue große Halunkenpostille, 1981, S. 315

Einmal wird man dich shanghaien: Halunkenpostille, 1947, S. 69

Auskunft über mein Land: Von der Wichtigkeit der Dinge, S. 10

Halbmond: Von der Wichtigkeit der Dinge, S. 11

Endgedicht: Von der Wichtigkeit der Dinge, S. 30

Bibliographie Fritz Graßhoff

1945 *Das Heiligenhafener Sternsingerspiel*. Lütjenburg, Ostholstein, Deutsche Verlagsdruckerei J.M.Klopp (im Gefangenenlager gedruckt)

1945 *The Heiligenhafen Star Singer's Play*, Lütjenburg, Ostholstein, Deutsche Verlagsdruckerei J. M. Klopp (Tenant Herbert Hawel)

1945 *Zeltlieder und Barackenverse*. Lütjenburg, Holstein, Deutsche Verlagsdruckerei J. M. Klopp (Pächter Herbert Hawel)

1946 *Befreite Kunst*, Reden und Vorträge der Celler Kulturwoche. Das Forum. Eine Schriftenreihe zu Fragen der Zeit. Hrsg. Dr. Friedrich Rasche. Hannover, Adolf Sponholtz Verlag

1946 *Das Heiligenhafener Sternsingerspiel*, 2. Auflage, Kassel und Basel, Bärenreiter Verlag

o.J. *Das Heiligenhafener Sternsingerspiel*, Hamburg, Hans A.Keune Verlag

1947 *Hoorter Brevier*. Gedichte. Hamburg, Johannes Angelus Keune Verlag

1947 *Halunken-Postille*. Zeichnungen von Bernd Hering. Hamburg, Johannes Angelus Keune Verlag

o.J. *Gang durch Celle*. Zeichnungen Fritz Graßhoff, Celle

1954 *Das Gemeindebrett*. Allgemein-ungültiger Jahresweiser für Landleute. Mit Zeichnungen von ihm selbst. Duisburg, Carl Lange Verlag

1954 *Der Flieger und die Hexe*. Eine Erzählung. In: Almanach der Hannoverschen Presse für das Jahr 1954. Hannover, S. 40–45

1955 *Halunkenpostille*. Rumpelkammerromanzen, Hafenballaden, Spelunkensongs. Mit Zeichnungen von ihm selbst. Duisburg, Carl Lange Verlag

1956 *Im Flug zerfallen die Wege der Vögel*. Neue Gedichte. Duisburg, Carl Lange Verlag

1958 *Und ab mit ihr nach Tintagel*. Mit Zeichnungen von ihm selbst. Duisburg, Carl Lange Verlag

1959 *Halunkenpostille*. Rumpelkammerromanzen, Hafenballaden, Spelunkensongs. Neu: Zinkenklavier. Mit Zeichnungen von ihm selbst. 31.–34. Tausend. Ergänzte und erweiterte Neuausgabe. Duisburg, Carl Lange Verlag

1963 *Die große Halunkenpostille*. Songs, Balladen, Moritaten. Alte und neue Verse. München, Deutscher Taschenbuch Verlag (dtv 150)

1963 *Der große Kalender.* Allgemein-ungültiger Jahresweiser für Landleute. Musik: Siegfried Strohbach. Wiesbaden, Breitkopf und Härtel

1964 *Die klassische Halunkenpostille.* Zwei Dutzend alte griechische und römische Dichter übersetzt, entstaubt und umgehost. Dazu der neue Salomo. Songs, Lieder und Balladen nach des Predigers Worten. Mit Bildern versehen und neu ans Licht gebracht. Köln, Berlin, Verlag Kiepenheuer & Witsch

1965 *Der neue Salomo. Eine Art Predigt an der Straßenecke.* Musik: Lotar Olias. Edition Esplanade. Hamburg 1965

1965 *Graßhoffs unverblümtes Lieder- und Lästerbuch.* Ein Leitfaden durch die Molesten des Daseins unter besonderer Berücksichtigung der Dickfelligkeit des Publikums. Stramm bebildert von ihm selbst. Köln, Berlin, Verlag Kiepenheuer & Witsch

1966 *Inschallah oder Das türkische Präsent.* In: Gratulatio für Joseph Caspar Witsch zum 60. Geburtstag. Köln, Verlag Kiepenheuer & Witsch

1966 *Halunken-Brevier.* Bilder vom Verfasser. Freiburg im Breisgau, Hyperion Verlag

1966 *Carl Michael Bellman. Durch alle Himmel, alle Gossen.* Ein Bündel Fredmanscher Episteln und Songs. Aus dem Schwedischen singbar ins Deutsche gebracht und mit Bildern versehen. Köln, Berlin, Verlag Kiepenheuer & Witsch

1966 *Warum ich in Celle wohne.* In: Merian, Heft 5/XIX. Hamburg, S. 44–46

1967 *Die klassische Halunkenpostille.* München, Deutscher Taschenbuch Verlag (dtv 417)

1967 *Fritz Graßhoffs illustrierter Ganovenkalender.* Von ihm selbst bebildert. Freiburg im Breisgau, Hyperion Verlag

1968 *Halunkenpostille.* Rumpelkammerromanzen, Hafenballaden, Spelunkensongs. NEU: Zinkenklavier. Mit Zeichnungen von ihm selbst. Duisburg, Carl Lange Verlag

1968 *Im Flug zerfallen die Wege der Vögel.* Neue Gedichte. Duisburg, Mercator Verlag Gert Wohlfarth

1969 *Gaunerzinken.* Bilder vom Verfasser. Freiburg im Breisgau, Hyperion Verlag

1970 *Querbeetbuch.* Mit Bildern vom Verfasser. Freiburg im Breisgau, Hyperion Verlag

1970 *Bilderreiches Haupt- und (G)liederbuch.* Köln, Berlin, Verlag Kiepenheuer & Witsch

1970 *Facts von Music.* Ein Schallmanach. Celle, Moeck Verlag + Musikinstrumentenwerk

1971 Fritz Graßhoff/Hermann Moeck, *Der singenden Knochen.* Kurzgelochte Parahistorie zur echten Flötenforschung. Celle, Edition Moeck

1972 *Seeräuber-Report.* Songs, Lieder und Balladen für den Haus- und Marktgebrauch. Mit 92 Bildern von ihm selbst. Tübingen/Basel, Erdmann Verlag

1972 *Warehouse-Life.* Chor-Revue. Musik von Peter Seeger. Mainz, B. Schott's Söhne

1972 *Graßhoffs unverblümtes Lieder- und Lästerbuch.* Ein Leitfaden durch die Molesten des Daseins unter besonderer Berücksichtigung der Dickfelligkeit des Publikums. Neu verlesen, ergänzt und erweitert. Bebildert von ihm selbst. München, Deutscher Taschenbuch Verlag (dtv 836)

1972 *Heute in Meckelheim.* Eine Rockkantate. Musik von H.-G. Koch. Köln, WDR

1974 *Bilderreiches Haupt- und (G)liederbuch.* Neu bearbeitete Ausgabe. München, Deutscher Taschenbuch Verlag (dtv 1101)

1975 *Philodemos und die antike Hintertreppe.* Düsseldorf, Eremiten-Presse

1976 *Seeräuber-Report.* Songs, Lieder und Balladen für den Haus- und Marktgebrauch. Mit Zeichnungen des Autors. Erweiterte Ausgabe. München, Deutscher Taschenbuch Verlag (dtv 1188)

1976 *Foxy rettet Amerika.* Ein Lied für Kinder. Mainz, Musikverlag B. Schott's Söhne

1980 *Der blaue Heinrich.* Roman. München, Nymphenburger Verlagshandlung

1981 *Graßhoffs neue große Halunkenpostille.* Das ist die 1947 erstmals erschienene auf Zuwachs geschneiderte und hiermit beträchtlich erweiterte Halunkenpostille nebst dem allgemein ungültigen Bauernkalender von 1954. Neu bebildert vom Autor selbst. Ausgabe vorletzter Hand. Wiesbaden und München, Limes Verlag

1981 *Piraten. Wein, Weib und fette Beute.* Mit Lotar Olias. Hamburg, Edition Esplanade

1981 *Halunken-Postille. Kunkelsuse. Madame Goulou. Hommes Femmes.* Mit 8 Original-Linolschnitten von Frank-R. Heckert. Ohne Ort. Herrmann [und] Pautsch (30 handschriftlich numerierte Exemplare)

1982   *Die klassische Halunken-Postille.* Erweiterte Neuauflage. München, Nymphenburger Verlagshandlung

1982   *Der blaue Heinrich.* Roman. München, Deutscher Taschenbuch Verlag (dtv 10052)

1985   *Prosit ein Leben lang. Wollust & Müßiggang.* Carl Michael Bellmann, Episteln & Songs. Fritz Graßhoff, Nachdichtungen. Berlin, Edition Handpresse Gutsch

1986   *Victor Auburtin. Das Ende des Odysseus.* Fünfzehn Fabeln und Feuilletons von der Antike bis zur Zukunft. Auswahl und Nachwort von Georg Eyring. Mit Zeichnungen von Fritz Graßhoff. Zürich, Haffmans Verlag

1986   *Seeräuber-Report.* Erweiterte Ausgabe. Bergisch-Gladbach, Gustav Lübbe Verlag

1988   *Kleine Halunken-Postille.* Eine Querbeet-Lese aus den Lieder- und Lästerbüchern des Fritz Graßhoff. Mit zahlreichen Zeichnungen vom Autor. Auswahl und Nachwort: Rudolf Reschke. Gütersloh, Sonderausgabe für den Bertelsmann Club

1991   *Die klassische Halunken-Postille.* Frankfurt/Main und Berlin, Ullstein Verlag

1991   *Der blaue Heinrich.* Frankfurt/Main und Berlin, Ullstein Verlag

1991   *Les animaux en pantalons.* Tiere in Hosen. Eine Auswahl aus Menschenfabeln. Montréal, Les éditions du silence

1993   *Graphik – Graphic – Graphique.* Ein Querschnitt, (Canada), Edition Vaudreuil

1995   *Bellman auf Deutsch.* Fredmans Episteln mit Vignetten des Autors. Potsdam, Verlag für Berlin-Brandenburg

1998   *Martial für Zeitgenossen.* Epigramme von Marcus Valerius Martialis und mit Zeichnungen versehen von Fritz Graßhoff. Düsseldorf, Eremiten Presse

1998   *Fritz Graßhoff 9.12.1913–9.2.1997.* Im Muschelhaufen 37. Hrsg. von Erik Martin, Viersen, S. 89–99

1999   *Illustrierter Ganoven-Kalender.* Freiburg im Breisgau, Hyperion Verlag

1999   *Halunkenbrevier.* Freiburg im Breisgau, Hyperion Verlag

2003   *Von der Wichtigkeit der Dinge.* Neuhofen. Heritage Fritz Graßhoff, Stiftung Deutsches Kabarett

2004   *Sonderteil Fritz Graßhoff.* In: Muschelhaufen 44. Hrsg. Von Erik Martin. Viersen, S. 105–131

2007 *Satire*. Französisch-Deutsches Traduit de l'allemand par Louis Bouchard et Marie-Elisabeth Morf. Montréal, Edition du Silence.

Unveröffentlichte Texte

Rausch des Hafis. Typoskript 1947.
Die wilden Jahre der Anne Bonny. Szenen aus einem Musical. Fragment 1975.
Eine schöne Geschichte vom Stehlen und anderes. Lese- und Bilderbuch für Mündige. Typoskript mit Zeichnungen 1986
Federlese oder der gerupfte Kunstvogel. Selbstgespräche beim Malen.
Menschenfabeln. Lese- & Bilderbuch
Martial sieht fern. Nachdichtungen
Das Spiel vom beinahe unverwüstlichen Herrn Kasper

Alphabetisches Verzeichnis der Gedichte

Abgebrannt   59

Adrian Brouwer   290

Affäre   214

Aktennotiz   24

Alea jacta   258

An den Briefkastenonkel   245

An den Herrn Kultursenator   204

Anne Bonny   123

Anrufe   260

Antrag   50

Auf den Schroffen der Gebirge   304

Auf der Brücke   18

Auktion   110

Auskunft über mein Land   324

Ballade Piepels krummen Nacken, seine Borniertheit, wie seine
     großsprecherisch-devote Fresse betreffend   166

Ballade vom gottungefälligen Treiben und ehrlosen Ende der Vitalien-
     brüder, welche jahrelang die Ostsee verunsichern taten   89

Ballade vom Kalfakter Ey und den sechs schweren Kartuschen   149

Barackenmeditation 1946   16

Bekenntnisse eines Erben   215

Bibliographie Fritz Graßhoff   366

Big-Bomb-Dolly aus Dover   127

Big Fock   119

Blackbeard greift an   77

Blues   313

Bordellvorsteherposten gesucht   244

Bully Hayes, die Trompete des Satans oder Vom Preis aller Dinge   72

Carneval   257

Catulls Tränen   289

Chanson   235

Da hat sich mancher schon geirrt   8

Dampfkesselkatastrophe   221

Das Fliegensterben   320

Das Hosenlied vom Calico-Jack   71

Das Lorbeerblatt   49

Das Mannsbackelied 181

Das Seemannsherz 132

Das Verhältnis der Bäckerin oder Vom Grundriß der Brötchen 48

Das Ziegenmelken 179

Dauerwurstballade 98

Dem von Knochenheim, Junker Götzen, in die Fahne gehustet 109

Der Autoritäts-Song 168

Der Fall Becker oder Kostenlose Beratung in der Abteilung Jugend-
touristik/sexueller Notstand 250

Der General 107

Der goldene Daumen 84

Der Henker von Paris 100

Der junge Klopstock 295

Der Mann am Gürtel 65

Der moralische Leierkasten 184

Der Mäuserich 13

Der Schnitzel-Song von Fräulein Mimi, die sich selbständig
machte 238

Des Heizers Traum 157

Des Seeräubers Morgenlied 113

Deutsches Rübenackerlied Responsorium für Vorgesetzte und
Gemeine 33

Didy-Song 233

Die Ballade vom Mäuseschwanz 143

Die Ballade vom Posamenter oder Klasse hin, Klasse her, wenn das
Gemüse man stimmt 151

Die echten, alten Trapper 211

Die Frau am Steuer Ein psychodiagnostischer Beitrag zum Kapitel Sex
und Verkehrsmittel oder Die Liebe geht durch den Wagen 270

Die Freiheit ist das Schönste! 195

Die Krebse 255

Die Menschlichkeitsballade vom Major Bonnet oder Wer die Großen
schädigt, der ist gleich erledigt 96

Die Satansbraut 174

Die Stadt, in der ich wohne 316

Die stramme Hafenlili 130

Die wahrhafte Story vom wüsten Lolona 117

Die Winde des Herrn Prunzelschütz 87

372

Dully-Port   *134*
Dullyport-Song   *136*
Eine Dame namens Hahn   *298*
Ein Fluß namens Timpe   *222*
Ein gewisses Gelb   *301*
Ein hellhöriges Haus   *261*
Einmal wird man dich shanghaien   *323*
Ein Mann geht nicht unter   *67*
Ein Vogel singt im Weidenbaum   *10*
Empfehlung   *259*
Endgedicht   *327*
Erfahrungen   *274*
Fabel vom kleinen Mann   *55*
Finale der Odyssee   *83*
Flaschenpost mit Weltgeist   *331*
Flickebüdel Naseweis   *175*
Frühlingserwachen oder Guter Rat an ausgereifte Jungfrauen   *216*
Für mich und Hillebill   *15*
Für wen schon   *114*
G.   *302*
Ganz altes Soldatenlied   *35*
Gauguin   *300*
Geschichte mit Spannung   *93*
Girls Beat-song   *226*
Grau (monochrom) Beschreibung einer alten Photographie   *28*
Graue Ballade oder Vom Raffen   *38*
Gustav – Gedenkstunde   *22*
Hakenkreuz und Sülze oder Die Ballade von Herrn Busse, dem
    mörderischen Zeilenschinder   *25*
Halbmond   *326*
Herbstliche Meditation eines Sonntagsreiters   *276*
Herr Rhode oder Die Ballade vom letzten Wanderer   *155*
Herr Urian   *266*
Heut hat mein Geliebter Hochzeit im Strandhotel   *240*
Hier ruht in Gott   *111*
Hillebille Wiedewitt   *45*
Hommage à Peynet   *303*
Hommes femmes   *229*

Ich, Herr Schloch und die Relativität   282

Ich geh zu den Halunken   57

Impromptu von der Verbrennung des leeren Sackes   263

Im Tingeltangel tut sich was   202

In einer hohlen Rübe   12

Interview   105

Joguleit   29

Johann Christian Günther   294

John Morgan   95

Kaleidoskop   267

Kattewitt   60

Kawenz oder Das Objekt im Grab   103

Kikeldei   209

Kitty, die Gangsterbraut   69

Kleine Banditen-Ballade   153

Kubisch   299

Kuhlmannsend oder Das große Nitschewo   292

Kunkelsuse   177

Kurzer Lebens- und Todeslauf   307

Käptn Byebye   121

Käptn Killer   125

Lacht auch mein Mund zuweilen   14

Lebenslauf eines ängstlichen Mannes   171

Licht und Gelichter   54

Liebesgeständnis eines Apachen   232

Lied vom Floh auf großer Fahrt   51

Lift   264

Lisa   219

Lob der Stille   7

Lumpenbrüderschaft   61

Lustiges Scherenschleiferlied   41

Madame Goulou   231

MAFZ oder Die Story vom Niedergang einer Erfinderfamilie
     durch Schicksal und eigene Schuld   278

Manövertragödie oder Die Ballade vom friedlichen Soldatentod
     auf grüner Heide   160

Marameh   53

Marinaden   248

Meine Asche mein Rauch   308

Meine Frau will mich vergiften   237

Mein Herze hör ich pochen   11

Memento I   85

Memento II   17

Mir, an den Spiegel zu stecken   315

Mit Leichen leben   162

Mochelner Schnapselegie   47

Mond über Småland   318

Moritat vom eiskalten Gasanstaltsdirektor   213

Nettelbeck oder Die letzte Möglichkeit   62

Neue Nachtwächterweise   199

Neues Drehorgellied   19

Neues Kinderlied   191

Neues Korsarenlied   115

Neues Soldatenlied   37

Neues Störtebeker-Lied   91

Nimm mich hin, wie ich bin   246

Ninoschka   101

Ohne Papiere   256

Ole Pinelle   137

Ökologie   314

Paßkontrolle   310

Poltawa 1942   21

Präzise Fragen eines liebenden Antropophagen an eine
   unentschlossene Zimtziege, betreffend Art und Umstände
   der Vereinnahmung   242

Qui vive   312

Radio   305

Roßhaar zerschnitten   249

Sam Baker   147

Scheune auf Storegården   319

Schlagzeilenparade   268

Schluß-Moritat   81

Schnadahüpferl   225

Schreibabteil   265

Schwarze Asche   311

Schütze Arsch oder Die Sinneswandlung   31

Sklavenhändler Natty Gordons Sonntags-Choral von
    Time und Money   79
Soliloquium sentimentale   322
Sommerspiel im hohen Gras   176
Sommerspiel im hohen Gras   43
Song vom Schlot oder Die jungen Unternehmer   217
Sophiens Fall und Ende   205
Speisen bildet   272
Stockholm, in einer Sommernacht, kurz vor Ausbruch des
    Krieges 1788   296
Timpeté und Gasparone   252
Unterwegs   44
Verdieners Klage   283
Vertretung   247
Vier Vorführdamen im Café   223
Volkslied auf zwei Klavieren   193
Von der Wichtigkeit der Dinge Tatsachen und Verhaltensweisen
    zum Zweck eines glückhaften Lavierens durch die Untiefen
    der Gesellschaft   286
Vorweihnachtliche Ansprache Noahs an seine Töchter und
    Schwiegertöchter   284
Wartesaal-Ballade   146
Was der Alte dachte, als er zu heiraten gedachte   187
Was ich getan, verlor den Sinn   9
Wenn einer ist ein armer Hund   140
Wumpes erste Panne   208
Wumpe-Lied   189
Wurfsendung   281

Inhaltsverzeichnis

Gedichte

I. Barackenverse 1945/46
Lob der Stille   7
Da hat sich mancher schon geirrt   8
Was ich getan, verlor den Sinn   9
Ein Vogel singt im Weidenbaum   10
Mein Herze hör ich pochen   11
In einer hohlen Rübe   12
Der Mäuserich   13
Lacht auch mein Mund zuweilen   14
Für mich und Hillebill   15
Barackenmeditation 1946   16
Memento II   17
Auf der Brücke   18
Neues Drehorgellied   19

II. Kriegs-Erinnerungen
Poltawa 1942   21
Gustav – Gedenkstunde   22
Aktennotiz   24
Hakenkreuz und Sülze oder Die Ballade von Herrn Busse,
      dem mörderischen Zeilenschinder   25
Grau (monochrom) Beschreibung einer alten Photo-
      graphie   28
Joguleit   29
Schütze Arsch oder Die Sinneswandlung   31
Deutsches Rübenackerlied Responsorium für Vorgesetzte
      und Gemeine   33
Ganz altes Soldatenlied   35
Neues Soldatenlied   37
Graue Ballade oder Vom Raffen   38

III. Unterwegs
Lustiges Scherenschleiferlied   41
Sommerspiel im hohen Gras   43

Unterwegs   44
Hillebille Wiedewitt   45
Mochelner Schnapselegie   47
Das Verhältnis der Bäckerin oder Vom Grundriß
        der Brötchen   48
Das Lorbeerblatt   49
Antrag   50
Lied vom Floh auf großer Fahrt   51
Marameh   53
Licht und Gelichter   54
Fabel vom kleinen Mann   55

IV. Gauner, Lumpen & Halunken
Ich geh zu den Halunken   57
Abgebrannt   59
Kattewitt   60
Lumpenbrüderschaft   61
Nettelbeck oder Die letzte Möglichkeit   62
Der Mann am Gürtel   65
Ein Mann geht nicht unter –   67
Kitty, die Gangsterbraut   69
Das Hosenlied vom Calico-Jack   71
Bully Hayes, die Trompete des Satans oder Vom Preis
        aller Dinge   72
Blackbeard greift an   77
Sklavenhändler Natty Gordons Sonntags-Choral von
        Time und Money   79
Schluß-Moritat   81

V. Historien
Finale der Odyssee   83
Der goldene Daumen   84
Memento I   85
Die Winde des Herrn Prunzelschütz   87
Ballade vom gottungefälligen Treiben und ehrlosen Ende
        der Vitalienbrüder, welche jahrelang die Ostsee verun-
        sichern taten   89
Neues Störtebeker-Lied   91

Geschichte mit Spannung   93
John Morgan   95
Die Menschlichkeitsballade vom Major Bonnet oder
    Wer die Großen schädigt, der ist gleich erledigt   96
Dauerwurstballade   98
Der Henker von Paris   100
Ninoschka   101
Kawenz oder Das Objekt im Grab   103
Interview   105
Der General   107
Dem von Knochenheim, Junker Götzen, in die Fahne
    gehustet   109
Auktion   110
Hier ruht in Gott   111

VI. Balladen von See

Des Seeräubers Morgenlied   113
Für wen schon   114
Neues Korsarenlied   115
Die wahrhafte Story vom wüsten Lolona   117
Big Fock   119
Käptn Byebye   121
Anne Bonny   123
Käptn Killer   125
Big-Bomb-Dolly aus Dover   127
Die stramme Hafenlili   130
Das Seemannsherz   132
Dully-Port   134
Dullyport-Song   136
Ole Pinelle   137
Wenn einer ist ein armer Hund   140

VII. Moderne Balladen

Die Ballade vom Mäuseschwanz   143
Wartesaal-Ballade   146
Sam Baker   147
Ballade vom Kalfakter Ey und den sechs schweren
    Kartuschen   149

Die Ballade vom Posamenter oder Klasse hin, Klasse her,
    wenn das Gemüse man stimmt   151
Kleine Banditen-Ballade   153
Herr Rhode oder Die Ballade vom letzten Wanderer   155
Des Heizers Traum   157
Manövertragödie oder Die Ballade vom friedlichen Solda-
    tentod auf grüner Heide   160
Mit Leichen leben   162
Ballade Piepels krummen Nacken, seine Borniertheit, wie
    seine großsprecherisch-devote Fresse betreffend   166
Der Autoritäts-Song   168

VIII. Lieder
Lebenslauf eines ängstlichen Mannes   171
Die Satansbraut   174
Flickebüdel Naseweis   175
Sommerspiel im hohen Gras   176
Kunkelsuse   177
Das Ziegenmelken   179
Das Mannsbackelied   181
Der moralische Leierkasten   184
Was der Alte dachte, als er zu heiraten gedachte   187
Wumpe-Lied   189
Neues Kinderlied   191
Volkslied auf zwei Klavieren   193
Die Freiheit ist das Schönste!   195

IX. Songs & Moritaten
Neue Nachtwächterweise   199
Im Tingeltangel tut sich was   202
An den Herrn Kultursenator   204
Sophiens Fall und Ende   205
Wumpes erste Panne   208
Kikeldei   209
Die echten, alten Trapper   211
Moritat vom eiskalten Gasanstaltsdirektor   213
Affäre   214
Bekenntnisse eines Erben   215

Frühlingserwachen oder Guter Rat an ausgereifte
    Jungfrauen   216

Song vom Schlot oder Die jungen Unternehmer   217

Lisa   219

Dampfkesselkatastrophe   221

Ein Fluß namens Timpe   222

Vier Vorführdamen im Café   223

Schnadahüpferl   225

Girls Beat-song   226

X. Chansons

Hommes femmes   229

Madame Goulou   231

Liebesgeständnis eines Apachen   232

Didy-Song   233

Chanson   235

Meine Frau will mich vergiften   237

Der Schnitzel-Song von Fräulein Mimi, die sich selbständig
    machte   238

Heut hat mein Geliebter Hochzeit im Strandhotel   240

Präzise Fragen eines liebenden Antropophagen an eine
    unentschlossene Zimtziege, betreffend Art und Um-
    stände der Vereinnahmung   242

Bordellvorsteherposten gesucht   244

An den Briefkastenonkel   245

Nimm mich hin, wie ich bin   246

Vertretung   247

Marinaden   248

Roßhaar zerschnitten   249

Der Fall Becker oder Kostenlose Beratung in der Abteilung
    Jugendtouristik/sexueller Notstand   250

Timpeté und Gasparone   252

XI. Jetzt

Die Krebse   255

Ohne Papiere   256

Carneval   257

Alea jacta   258

Empfehlung   259

Anrufe   260

Ein hellhöriges Haus   261

Impromptu von der Verbrennung des leeren Sackes   263

Lift   264

Schreibabteil   265

Herr Urian   266

Kaleidoskop   267

Schlagzeilenparade   268

Die Frau am Steuer Ein psychodiagnostischer Beitrag zum
      Kapitel Sex und Verkehrsmittel oder Die Liebe geht
      durch den Wagen   270

Speisen bildet   272

Erfahrungen   274

Herbstliche Meditation eines Sonntagsreiters   276

MAFZ oder Die Story vom Niedergang einer Erfinderfami-
      lie durch Schicksal und eigene Schuld   278

Wurfsendung   281

Ich, Herr Schloch und die Relativität   282

Verdieners Klage   283

Vorweihnachtliche Ansprache Noahs an seine Töchter und
      Schwiegertöchter   284

Von der Wichtigkeit der Dinge Tatsachen und Verhaltens-
      weisen zum Zweck eines glückhaften Lavierens durch
      die Untiefen der Gesellschaft   286

XII. Maler & Dichter + 1 Sänger

Catulls Tränen   289

Adrian Brouwer   290

Kuhlmannsend oder Das große Nitschewo   292

Johann Christian Günther   294

Der junge Klopstock   295

Stockholm, in einer Sommernacht, kurz vor Ausbruch des
      Krieges 1788   296

Eine Dame namens Hahn   298

Kubisch   299

Gauguin   300

Ein gewisses Gelb   301

G.   302

Hommage à Peynet   303

Auf den Schroffen der Gebirge   304

Radio   305

XIII. Ich

Kurzer Lebens- und Todeslauf   307

Meine Asche mein Rauch   308

Paßkontrolle   310

Schwarze Asche   311

Qui vive   312

Blues   313

Ökologie   314

Mir, an den Spiegel zu stecken   315

Die Stadt, in der ich wohne   316

Mond über Småland   318

Scheune auf Storegården   319

Das Fliegensterben   320

Soliloquium sentimentale   322

Einmal wird man dich shanghaien   323

Auskunft über mein Land   324

Halbmond   326

Endgedicht   327

Anhang

Nachwort   330

Nachweise   356

Bibliographie Fritz Graßhoff   366

Alphabetisches Verzeichnis der Gedichte   371

ARCHE PARADIES
Herausgegeben
von Denis Scheck

Autoren aus aller Welt erzählen
vom Sinn der Sinnlichkeit:

Kathrin Aehnlich, Herman Bang,
Thorsten Becker, Werner Bergengruen,
Richard F. Burton, Remco Campert,
Albert Camus, Anthony Capella,
T Cooper, Liane Dirks, Axel Eggebrecht,
Stephen Elliott, Fritz Graßhoff,
Toine Heijmans, Idwal Jones,
Joachim Kersten, Paul Klee, Jerzy Kosinski,
Sabine Küchler, Klaus Mann,
Anka Muhlstein, Marie NDiaye,
Pablo Picasso, Ezra Pound, Fritz J. Raddatz,
Jürgen Ritte, Sybil Gräfin Schönfeldt,
Ayman Sikseck, Friedrich Sieburg,
Ilija Trojanow, David Foster Wallace,
Hanns Zischler